Georg Vobruba

Die Dynamik Europas

Georg Vobruba

Die Dynamik Europas

2., aktualisierte Auflage

VS VERLAG FÜR SOZIALWISSENSCHAFTEN

Bibliografische Information Der Deutschen Nationalbibliothek
Die Deutsche Nationalbibliothek verzeichnet diese Publikation in der
Deutschen Nationalbibliografie; detaillierte bibliografische Daten sind im Internet über
<http://dnb.d-nb.de> abrufbar.

1. Auflage März 2005
2., aktualisierte Auflage Juli 2007

Alle Rechte vorbehalten
© VS Verlag für Sozialwissenschaften | GWV Fachverlage GmbH, Wiesbaden 2007

Lektorat: Frank Engelhardt

Der VS Verlag für Sozialwissenschaften ist ein Unternehmen von Springer Science+Business Media.
www.vs-verlag.de

Umschlaggestaltung: KünkelLopka Medienentwicklung, Heidelberg

Gedruckt auf säurefreiem und chlorfrei gebleichtem Papier

ISBN 978-3-531-15463-3

Inhalt

Vorwort zur zweiten Auflage

Für die zweite Auflage habe ich den Text durchgesehen, korrigiert und aktualisiert. Inhaltliche Revisionen waren aus zwei Gründen nicht erforderlich. Zum einen gab die Diskussion der Theorie der Dynamik Europas bisher keinen Anlass, ihre zentralen Thesen zu revidieren. Und zum anderen hat die Entwicklung der EU seit der Erstveröffentlichung im Mai 2005 gezeigt, dass in der Theorie der Dynamik Europas erhebliches Prognosepotential steckt.

Leipzig, im Februar 2007   Georg Vobruba

1. Einleitung

Die traumatischen Erfahrungen des zweiten Weltkriegs führten zu einem schwärmerischen Engagement für Europa, das bis zur Gründung des Europarats anhielt. Danach ging die Entwicklung Europas in die Zuständigkeit der Diplomatie über und wurde – und blieb bis in die jüngste Vergangenheit – zur Angelegenheit von Spezialisten. Die Europäische Integration war also von Anfang an ein friedenspolitisches Projekt. Die Dynamik Europas wurde nach 1945 angetrieben von der Suche nach einem politischen Rahmen für die ungelösten Probleme der ersten Hälfte des 20. Jahrhunderts. „Deutschland bleibt im Horizont eines nationalstaatlich gegliederten Europa eine Frage" schreibt Helmuth Plessner 1935. „Die Verteilung deutschen Volkstums quer durch die europäischen Staatsgrenzen stellt eine Tatsache dar, die eine Lösung entweder im Sinne der vornationalen ökumenischen Reichsidee oder im Sinne der nachnationalen Organisation der Vereinigten Staaten von Europa verlangt." (Plessner 1982: 42, 50) Nach dem Ende des zweiten Weltkriegs ging es darum, im europäischen Rahmen mit neuen Mitteln an dem alten Problem zu arbeiten. In den frühen Jahren der Europäischen Integration bestand der Widerspruch zwischen friedenspolitischen und wirtschaftlichen Zielsetzungen darin, Deutschland einerseits politisch unter Kontrolle zu halten, aber andererseits ökonomisch Raum zu bieten. Über die Jahrzehnte, und insbesondere mit der Süderweiterung (1981, 1986) entwickelte sich das folgende Muster im Verhältnis von Politik und Ökonomie: Die EU wird entlang politischer Zielsetzungen entwickelt, die ökonomischen Folgen werden nach jedem politischen Entwicklungsschub in einer längeren Phase integrationspolitischer Stagnation abgearbeitet. In der Folge von 1989 wurde die Dominanz des Politischen besonders deutlich. Zum einen ging es darum, das gewachsene Deutschland noch stärker in europäische Strukturen einzubinden, um – begründeten oder unbegründeten – Ängsten vor hegemonialen Tendenzen Deutschlands in Europas ein für alle Mal die Grundlage zu entziehen (Brunn 2000: 256, 272). Daraus resultierte das eine integrationspolitische Großprojekt: die gemeinsame europäische Währung. Die Aufgabe der DM zugunsten des EURO war eine entscheidende Bedingung für die internationale Zustimmung zur Wiedervereinigung. Zum anderen ging es, analog zur Süderweiterung, darum die Transformationsprozesse in Mittel- und Osteuropa irreversibel zu machen. Bei beiden Großprojekten dominierte die Logik von Politik.

Und in beiden Fällen zeichnet sich nun der Beginn jener Phase ab, in der es wieder darum geht, die ökonomischen Folgen des politischen Integrationsschubs abzuarbeiten.

Entscheidend für den gegenwärtigen Zustand der Dynamik der Europäischen Union ist, dass im Zuge der Entwicklung der Europäischen Integration die Leute immer mehr ins Spiel kamen. Denn erst dadurch entstand das Spannungsverhältnis zwischen europäischer Institutionenpolitik und Bevölkerung, welches die gegenwärtige Dynamik Europas ausmacht. Diese Dynamik verändert Europa nachhaltig.

So lange die Europäische Gemeinschaft/Union ein Wirtschaftsraum war, „der durch Institutionen zusammengehalten wurde" (Immerfall 2000: 483), war sie eine Angelegenheit von Spezialisten. Die Europäische Integration ging langsam voran, stagnierte immer wieder. Schließlich aber war die Integration so weit fortgeschritten, dass sie auf die allgemeinen Lebensverhältnisse durchschlug. Nun konnte man nicht mehr umhin, als Konsumentin, Arbeitnehmer, Wählerin und Reisender die politische Wirksamkeit der EU zu bemerken. So wurde die Integrationspolitik durch Spezialisten von ihrem eigenen Erfolg überholt. Das Drehen an politischen Stellschrauben, angeleitet von integrationspolitischem Spezialwissen, war letztlich doch so effektiv, dass so weite Bevölkerungskreise involviert wurden, dass sich die Europapolitik als Spezialistenpolitik überlebte. In dem Moment, in dem Spezialisten nicht mehr mit ihrer Politik allein und ungestört sind; in dem Moment, in dem die Leute ins Spiel kommen, tut sich eine neue Differenz auf: Die Differenz zwischen Leuten und Elite. So wird aus den Spezialisten eine politische Elite. Die Elite konstituiert sich aus der Differenz zu den Leuten. Ob sie will oder nicht.

Damit gerät das europäische Integrationsprojekt in einen neuen gesellschaftlichen Aggregatzustand: Mit der Involvierung der Leute setzt die Europäisierung der bisher national gedachten Gesellschaften Europas ein. Die Dynamik Europas speist sich von nun an aus dem Spannungsverhältnis von Institutionen und Individuen. Dies ist zugleich der Ansatzpunkt der Soziologie der Europäischen Integration.[1] Ihre Fragestellung zielt auf Wechselwirkungen zwischen Europäischer Institutionenbildung und Europäischer sozialer Integration. Die Frage nach den Ursachen der Dynamik Europas ist darum zu splitten in Fragen nach Wirkungen von integrationsrelevanten Institutionen auf die Einstellungen,

---

[1] Dass die Soziologie diese Entwicklung verschlafen hat, stimmt nicht: Der Wandel von der isolierten Spezialistenpolitik zum Dauerspannungsverhältnis zwischen Europäischen Institutionen und Leuten ist ungefähr Ende der 80er Jahre des 20. Jahrhunderts anzusetzen. Die Soziologie in Deutschland reagierte beinahe zeitgleich und nachhaltig, wenn auch nicht auf breiter Front mit der Entwicklung europasoziologischer Fragestellungen (vgl. Lepsius 1991; Kaase 1991; Gerhards 1993; Münch 1993. Zur Bilanzierung und Weiterentwicklung vgl. Bach 2000; Immerfall 2000; Nollmann 2004; Delhey 2005).

Handlungsmotive und das Handeln der Leute einerseits, und nach Wirkungen des Handelns der Leute auf Stabilität und Wandel europäischer Institutionen andererseits.

Ich ziehe die Diagnose des Entwicklungsstandes, von dem meine Analyse ausgeht, so kompakt wie möglich zusammen: Der Erfolg der Spezialistenpolitik sprengt ihren eigenen Rahmen, involviert die Leute in das EU-Projekt und konstituiert so die Differenz zwischen EU-Elite und den Leuten. Deren Interessen, Einstellungen, Meinungen werden von da an für den integrationspolitischen Erfolg konstitutiv. Darum werden nun Probleme der politischen Willensbildung, der Legitimation und der Entwicklung kollektiver Identifikation mit Europa zu Kernproblemen der europäischen Entwicklung. So wird in der Agenda 2000 die Sorge artikuliert, dass „die Bürger sich von dem beschleunigten institutionellen Zusammenwachsen Europas überrollt fühlten" und es werden Überlegungen angemahnt, „wie das europäische Gesellschaftsmodell im 21. Jahrhundert weiterentwickelt und wie den wichtigsten *Anliegen der Bürger* am besten entsprochen werden kann." (Europäische Kommission 1997: 12, 14. Hervorhebung im Original)

Die Europäische Integration ist ein hoch riskantes politisches Großprojekt. Einerseits haben die Entwicklungen, die angestoßen werden, eine solche Größenordnung und Komplexität, dass sie nur sehr begrenzt steuerbar sind. Das schließt die Möglichkeit des Scheiterns immer mit ein. Andererseits ist das Projekt EU-Integration unverzichtbar. Sein Scheitern bedeutet also maximalen Schaden. Es ist klar, dass ein so riskanter Prozess wie die Europäische Integration Krisen durchläuft. Das ist an sich nichts Ungewöhnliches, muss auch nichts mit dem Scheitern des Projekts zu tun haben. Vielmehr können Beunruhigungen, welche Krisen hervorrufen, selbst zum Integrationsmoment werden. Krisen sind Situationen, in denen die gesellschaftliche Aufmerksamkeit und Handlungsbereitschaft die Veränderungen von Strukturen erfasst. Das schließt die Möglichkeit verstärkter Unterstützung der Integration ebenso ein wie das Risiko eines völligen Legitimationsentzuges. Krisen können so oder anders ausgehen. Darum sind Krisen offene Entscheidungssituationen.

Europa steckt zurzeit in einer solchen Entscheidungssituation. Jahrzehnte blieb die Europäische Integration unterhalb der Schwelle öffentlicher Aufmerksamkeit. Sie wurde von einer überschaubaren Zahl von politischen Spezialisten vorangetrieben, die (so sie als Vertreter nationaler Interessen agierten) einander Grenzen setzten, die aber von ihrer gesellschaftlichen Umwelt kaum gestört wurden. Diese Politik führte zu einem sehr langsamen aber doch voranschreitenden Integrationsprozess. Spätestens Anfang der 90er Jahre ist die Europäische Integration ihrem alten Politikmodus entwachsen. Gleichwohl wurde die Integration als Elitenprojekt weiter geführt, schlicht, weil kein anderer Politikmodus verfügbar war und ist. Denn die Europäische Integrationspolitik lässt sich vom Modus der Spezialistenpolitik nicht so ohne weiteres auf den Modus Demokratie umstellen. Denn weder ist klar, worin eine entschiedene Demokratisierung der Europäischen Integration überhaupt bestehen könnte, noch lässt sich absehen, wohin dies tatsächlich führen würde. Es zeichnet sich also das integrationspolitische Dilemma ab: Man muss die Integration auf die Leute stützen, fragt man aber die Leute ernsthaft, so riskiert man, dass sie die Integration nicht mit tragen.

Was folgt aus dieser Europäischen Konstellation? Darum geht es in diesem Buch. Ich beginne mit der Rekonstruktion des dominanten Entwicklungsmusters der Europäischen Union: Es ergibt sich aus den Wechselwirkungen von Integration und Expansion, wobei sich in der Expansion immer wieder ein Muster konzentrischer Kreise reproduziert. Nach dieser Grundlegung entwickle ich die Analyse in zwei großen Strängen: Erst geht es um die Binnenprobleme der erweiterten EU, dann um Hauptprobleme in ihren externen Beziehungen.

Im ersten Hauptteil der Untersuchung geht es um die Frage, in welcher Weise die Dynamik der EU an innere Grenzen stößt. Ich untersuche Bruchlinien der EU-Entwicklung: Ungleichheiten, Desintegrationstendenzen und Spannungen innerhalb der Neumitglieder und zwischen Alt- und Neumitgliedern. Die integrationssoziologische Bedeutung dieser Bruchlinien wird deutlich, wenn man danach fragt, unter welchen sozialen Voraussetzungen Mehrheitsverfahren auf der EU-Ebene praktikabel sind. Dies führt zur Diskussion der Leistungsfähigkeit und der Grenzen der Mehrheitsregel in der Europäischen Union und zu ihrer Stellung in der Europäischen Verfassung.

Die Zukunft der Europäischen Union hängt von ihrer Fähigkeit ab, mit ihren eigenen Konflikten fertig zu werden. Die Europäische Verfassung muss darum Weichen für die Entscheidungs- und Kompromissfindung stellen. Dabei spielt das Mehrheitsverfahren eine immer wichtigere Rolle, da Politik auf der Grundlage von Konsensen aller an Grenzen stößt. Einerseits lässt sich nicht hinnehmen, dass jegliche Partikularinteressen die Integration blockieren können. Andererseits ist es nur sehr begrenzt möglich, Integration über die Köpfe nationaler Interessen hinweg zu betreiben. Das gilt erst recht, nachdem sich mit der Osterweiterung der Kreis der EU-Mitglieder deutlich vergrößert hat und die Interessenlagen zunehmend heterogen wurden. Die Ausweitung von Mehrheitsverfahren ist also im weiteren Europäischen Integrationsprozess ebenso unabdingbar wie riskant. Entscheidend ist: Wie viel Integrationskraft kann man dem Mehrheitsverfahren zutrauen? Und wie viel Integration hat das Mehrheitsverfahren selbst als Voraussetzung?

Im zweiten Hauptteil der Untersuchung geht es um äußere Grenzen, an welche die Entwicklungsdynamik der EU stößt. Ansatzpunkt ist der zunehmende Widerspruch zwischen Integration und Erweiterung der EU, das exponentielle Wachstum der Integrationskosten jedes weiteren Erweiterungsschritts. In dieser Weise zeichnen sich die äußeren Grenzen der Entwicklung der EU ab. Was bedeutet dies für die Zukunft der EU?

Die Auffassung, dass nicht alle Mitgliedsländer bei allen politischen Themen ein ausreichendes Maß an Gemeinsamkeit zustande bringen, hat zu diversen Vorschlägen zu einer differenzierten Integration geführt. Wenn unterschiedliche Gruppen von EU-Mitgliedern bei unterschiedlichen politischen Themen unterschiedliche Einigungsmöglichkeiten haben, dann sollen sie diese differenziert realisieren. So die Quintessenz vieler Vorschläge. Wird dies zu einem Geflecht von unterschiedlich tief integrierten Mitgliedsländern führen, in dem sich die Integrationsunterschiede im Ergebnis ausgleichen? Oder wird sich daraus ein territorial verfestigter, stark integrierter Kern herausbilden, der sich mit einer schwächer integrierten Peripherie umgibt? Dies ist die erste Kernfrage der zukünftigen Entwicklung der Europäischen Union. Ich werde sie erst an der Frage des EU-Beitritts der Türkei abhandeln. Denn bei der Türkei handelt es sich um einen hoch relevanten Grenzfall. Dann werde ich untersuchen, in welcher Weise das Muster konzentrischer Kreise die Beziehungen der EU zu jenen Ländern ihrer Peripherie prägt, für die eine Vollmitgliedschaft nicht vorgesehen ist. Das ist die zweite Kernfrage der zukünftigen Entwicklung der Europäischen Union: Wie funktioniert Expansion ohne Erweiterung?

2. Die Dynamik von Integration und Erweiterung

2.1 Einleitung

Die Integration Europas war von ihren Anfängen an ein umfassendes politisches Pazifizierungsprojekt mit großen ökonomischen Vorteilen. Die ökonomischen Vorteile der Integration und Erweiterung der Europäischen Union liegen auf der Hand: Die laufende Erweiterung des gemeinsamen ökonomischen Raumes, der Abbau von Hemmnissen für den Handel und für die Mobilität von Arbeit und Kapital bringt Effizienzgewinne. „Die Zustimmung zu ‚Europa' ruht auf dem Glauben, dass die wirtschaftliche Integration in einen großen Markt die Produktivität erhöhe und das nationale Volkseinkommen steigere." (Lepsius 2003: 520) Aber sind diese Vorteile Ursachen der europäischen Integration? Waren sie tatsächlich „bisher entscheidend für alle Schritte zunehmender supranationaler Integration" (ebd.) der Europäischen Union? Hier muss man scharf zwischen den volkswirtschaftlichen Wettbewerbs-, Allokations- und Wohlfahrtsvorteilen einerseits und den auf die europäische Integration gerichteten Motiven und Interessen einzelner Unternehmen und Unternehmerverbände andererseits, also zwischen Beobachterperspektive und Akteursperspektive, unterscheiden. Gesamtwirtschaftliche Vorteile sind Zuschreibungen aus einer distanzierten Beobachtungsposition. Als Ursachen von Integrationsschüben können ökonomische Vorteile nur in Frage kommen, wenn sie zugleich Inhalt der Interessen von Akteuren sind. Zwar gibt es im reichen Kern der EU stets Interessen an der Erschließung neuer Arbeits- und Absatzmärkte, und darum an der politischen Entwicklung größerer, einheitlicher Wirtschaftsräume. Da es in solchen Entwicklungen aber stets Gewinner und Verlierer, also Integrationsbefürworter und Integrationsgegner, gibt, und da nie ganz sicher ist, wer gewinnen und wer verlieren wird, sind die Unternehmensinteressen keineswegs eindeutig auf Integration und Erweiterung gerichtet. Aus Beobachterperspektive ist eindeutig, dass die Europäische Integration ökonomische Vorteile nach sich zieht, aus Akteursperspektive aber ist uneindeutig, wer in den Genuss dieser Vorteile kommt. Dies verbietet es, Unternehmensinteressen zu einem einheitlichen „Kapitalinteresse" zu aggregieren und als Ursache der Integration und Erweiterung der Europäischen Union zu verwenden. Allenfalls trägt der Hinweis auf Unternehmsinteressen bei zu erklären, warum das Projekt der Integration und Erweiterung Europas nicht längst gescheitert ist.

Im Rückblick auf sechs Jahrzehnte lässt sich in der Entwicklung Europas ein immer wiederkehrendes Muster erkennen: Das aus dem Trauma von zwei in Europa ausgetragenen Weltkriegen entstandene europäische Grundanliegen der Pazifizierung hat sich über ökonomische Bedenken und Widerstände immer wieder hinweggesetzt. Jede Entwicklungssequenz beginnt mit einem politischen Entwicklungsschub; bald darauf werden ökonomische und soziale Folgen sichtbar, die in eine Krise und längere integrationspolitische Stagnation führen; dann folgt eine längere Phase der mühsamen Überwindung der Krise und der Konsolidierung des jeweils erreichten Integrationsstandes. Gegenwärtig steht die Europäische Union wieder am Beginn einer solchen Sequenz. Die Osterweiterung im Jahr 2004 samt den weiteren in Aussicht genommenen Erweiterungsschritten auf der einen Seite und die exponentiell zunehmenden Probleme einer Vertiefung der Integration auf der anderen Seite haben die Europäische Union in eine tiefe Krise geführt. Was bedeutet das?

Der Krisenbegriff hat in den Sozialwissenschaften einen ambivalenten Ruf. Einerseits hat seine (frühere) inflationäre Verwendung zu Zweifeln an seiner analytischen Brauchbarkeit bis hin zu allergischen Abwehrreaktionen – „Man heult auf, bevor man begreift" (Luhmann 1981: 59) – geführt. Andererseits ist „Krise" als analytischer Begriff zur Aufklärung spezifischer Formen des sozialen Wandels mindestens in den Fällen unverzichtbar, in denen eine gesellschaftliche Konstellation von den Akteuren in ihren institutionellen Kontexten selbst als Krise wahrgenommen und dem entsprechend gehandelt wird. (Vgl. Bohmann, Vobruba 1992) Um sozialwissenschaftlich sinnvoll von einer Krise zu sprechen, müssen also dreierlei Bedingungen erfüllt sein: Erstens muss eine Institution mit mehr Problemen konfrontiert sein, als sie in ihrer gegebenen Verfassung zu verarbeiten in der Lage ist. Zweitens muss Zeitdruck bestehen, diese Probleme dadurch zu lösen, dass sich die Institution entsprechend verändert, transformiert, da sie anderenfalls irreversiblen Schaden erleidet (vgl. Habermas 1973). Und drittens müssen die Akteure selbst die Konstellation als Krise perzipieren und angeleitet von einer expliziten oder impliziten Krisendiagnose handeln.

Die Osterweiterung der Europäischen Union übersteigt die Kapazität der EU zur Problemverarbeitung bei weitem. Sowohl distanzierte Beobachter als auch involvierte Akteure stimmen darin überein, dass die tragenden Institutionen der Europäischen Union in ihrer gegenwärtigen Verfassung nicht dazu geeignet sind, den aus der Erweiterung resultierenden Anforderungen zu genügen. Die kompakteste Formulierung dieser Diagnose im politischen Alltagsdiskurs lautet, dass die Institutionen der EU für sechs Mitgliedsländer geschaffen wurden, die sukzessive Erweiterung auf fünfzehn Mitglieder gerade noch verkraften konnten, dass sie von der Erweiterung auf fünfundzwanzig (und später mehr) Mitglieder aber rettungslos überfordert sind. Diese Überforderung, so heißt es, rührt einerseits von der schieren Zahl der Mitglieder, andererseits von ihrer zunehmenden Heterogenität her. Entsprechend zielen alle institutionellen Reformanstrengungen auf neue Formen der Repräsentation, der politischen Willensbildung und der Verteilung von Lasten und Erträgen im Rahmen der EU. Auf Europäischer Ebene politikleitend ist die Überzeugung, dass diese Überforderung rasch abgebaut werden muss, soll die EU handlungsfähig bleiben. Diese Deutung war am Gipfel von Nizza im Jahr 2000 handlungsleitend, auch wenn sich der Impetus nicht unmittelbar in angemessene Politik umsetzen ließ. Darum kam es zur Einrichtung des Verfassungskonvents: Ohne kollektives Krisenbewusstsein wären die Regierungschefs als Repräsentanten nationaler Interessen nie in der Lage gewesen, ein Gremium zur Überwindung des Reformstaus einzurichten, den sie selbst verursachen.

Die Osterweiterung der EU hat diese Probleme manifest werden lassen (vgl. Beichelt 2004). Insofern halte ich es in der Tat für angemessen, von der „Erweiterungskrise der Europäischen Union" (vgl. Vobruba 2003; Habermas 2004; Bach 2006) zu sprechen. Aber die Ursachen der Krise liegen tiefer und ihre Folgen reichen über den Anlass Osterweiterung weit hinaus. Diese Konstellation lässt das Grundmuster der bisherigen Entwicklung der Europäischen Union deutlich werden, und zwar gerade weil diese Entwicklung nun an Grenzen stößt. Die aktuelle Konstellation eignet sich darum gut, das Grundmuster und die ihm inhärente Dynamik zu erfassen.

2.2 Zentrum und Peripherie

Die Dynamik Europas wird entscheidend von Interdependenzen und Interaktionen zwischen dem Zentrum und der Peripherie der Europäischen Union geprägt. Diese Interdependenzen und Interaktionen sind das zentrale Thema der Theorie der Dynamik Europas. Die Diskussion um Zentrum-Peripherie-Modelle hat ihre entscheidenden Impulse Stein Rokkan zu verdanken.[2] Dennoch bestehen zwischen Rokkans historischen Langzeitentwürfen und dem Ansatz, den ich hier entwickeln will, nur wenige Berührungspunkte. Rokkan sucht nach nicht weniger als „einem Muster in der geopolitisch-geoökonomischen Geschichte Westeuropas" (Rokkan 2000: 170). Dieser Anspruch an die Reichweite der Theorie verursacht Kosten. Die Erstreckung des Zentrum-Peripherie-Modells über mehr

---

[2] Insbesondere Maurizio Bach (2003: 51) hat eine Rückversicherung meiner Überlegungen bei Rokkans Zentrum-Peripherie-Modell angemahnt.

als ein Jahrtausend erzwingt ein extrem hohes Abstraktionsniveau. Rokkans historische Makrosoziologie beruht, wenn ich recht sehe, auf souveränen Beschreibungen von gesellschaftlichen Makrophänomenen, die durch Funktionalitätskonstruktionen miteinander verknüpft werden. Fragt man danach, wodurch diese Verknüpfungen bewirkt werden, wird die Leerstelle einer exklusiv makrosoziologischen Argumentationsstrategie aber rasch deutlich: Das Abstraktionsniveau, auf dem sich Struktur- und Prozessgleichheiten über ein Jahrtausend und mehr beobachten lassen, zwingt dazu, von jeweils konkreten Institutionen-sets und den Relationen zwischen Institutionen und Akteuren abzusehen und sich mit der Beschreibung von geosozialen Mustern, ihrer Persistenz und ihrer Entwicklung, zufrieden zu geben (vgl. Therborn 1995). Aber gerade mit Blick auf das erhebliche Anregungspotential des Werkes von Rokkan für die sozialwissenschaftliche Untersuchungen der Entwicklung der Europäischen Union (vgl. Flora 2000: 160f.) wird die kausale Unterbestimmtheit des Ansatzes deutlich. Dass in der französischen Revolution nationalistische und universalistische Elemente „genial" kombiniert wurden, oder dass „das moderne Europa (...) seine kulturelle Heterogenität in der Konkurrenz von Nationalstaaten organisierte" (Flora 2000: 158), sind ex post Beschreibungen von Phänomenen mit Blick auf die von ihnen bewirkten Effekte, aber keine kausalen Erklärungen an die sich theoretische Verallgemeinerungen anschließen lassen. Darum bleiben die europasoziologischen Schlussfolgerungen (vgl. Flora 2000: 160), so treffend sie für sich genommen sind, mit dem Ansatz eigentümlich unverbunden.

Ich werde im Folgenden das Muster der bisherigen Entwicklung der EU rekonstruieren, indem ich mich auf die dominanten politischen Handlungsstrategien im Rahmen der jeweils gegebenen Institutionen und ebenso auf die Effekte dieser Handlungsstrategien für die Institutionen konzentriere. Das Ziel ist, die in den Mechanismus von Integration und Erweiterung eingebaute Dynamik deutlich machen. Dies ist erforderlich, nicht nur, um die bisherige Entwicklung der EU theoretisch verstehbar zu machen, sondern auch um zu zeigen, dass die Entwicklung der EU nach dem bisher dominanten Muster an Grenzen stößt. Wie manifestiert sich das?

Die Stabilität der EU beruhte bisher auf ihrer internen Dynamik. Diese Dynamik wurde gespeist aus der wechselseitigen Bestärkung von Integration und Erweiterung. Mit der Ausdehnung der Europäischen Union auf fünfundzwanzig Mitglieder durch den Vollzug der Osterweiterung zum 1. Mai 2004 und auf siebenundzwanzig zum 1. Januar 2007 kommen die Grenzen von Integration und Erweiterung in Sicht. Die inneren Grenzen ergeben sich aus der begrenzten Kapazität der Institutionen der EU Komplexität zu managen, die äußeren Grenzen ergeben sich aus der Endlichkeit des Territoriums mit der Konnotation „Europa". Weder die inneren noch die äußeren Grenzen sind eindeutig, gleichwohl sind sie existent und entfalten Wirkungen. Die inneren Grenzen werden in dem Maße manifest, in dem der Integrationsprozess die Komplexität der EU so steigert, dass sie in ihrer Handlungsfähigkeit lahm gelegt wird. Die äußeren Grenzen spielen in dem Maße eine zunehmende Rolle, in dem der geographische Raum, der als Europa bezeichnet wird, ausgeschöpft ist.

Das spezifische sozialwissenschaftliche Problem mit diesen inneren und äußeren Grenzen besteht darin, dass sie nicht schlicht gegeben, sondern Gegenstand öffentlicher Interpretationskämpfe sind (vgl. Flora 2000: 154ff.; Schultz 2004). Bei den inneren Grenzen besteht das Problem darin, dass sie sich nur indirekt erschließen; dadurch nämlich, dass sich die Bereitschaft verliert, die zunehmenden Integrationskosten weiterer Erweiterungsrunden in Kauf zu nehmen, und dass die Integrationsprobleme und der Leistungsabfall von EU-Institutionen der zunehmend unbeherrschbaren Komplexität ihrer Organisation attribuiert werden. Bei den äußeren Grenzen besteht das Problem darin, dass sie als territoriale Grenzen Europas nicht vorausgesetzt werden können, sondern Gegenstand politisch-kultureller Konventionen sind, von Konventionen freilich, die sich keineswegs beliebig ändern lassen. Spricht man also von inneren und äußeren Grenzen Europas, so hat man zu bedenken, dass diese weder schlicht vorauszusetzen, noch beliebig definierbar sind. Die Entwicklung Europas kommt nicht an eine Grenze, an der es nicht mehr weiter geht. Vielmehr machen sich die Grenzen Europas in Form steigender organisatorischer, ökonomischer und legitimatorischer Kosten bemerkbar, und insbesondere darin, dass Integration und Erweiterung zueinander zunehmend in Widerspruch geraten. Das zentrale Problem der EU besteht also darin, dass sie Grenzen ihres bisher dominanten Entwicklungsmusters „Integration und Erweiterung" erreicht, und in der Unschärfe dieser Grenzen, welche schon die Definition des Problems zum Problem macht.

Der Begriff „Erweiterungskrise der Europäischen Union" zielt auf diese Gesamtkonstellation. Im nächsten Schritt werde ich das Muster konzentrischer Kreise, in dem die EU jedenfalls bisher expandierte, beschreiben und in den beiden dann folgenden Schritten zwei Argumente entwickeln, um es zu erklären.

2.3 Expansion in konzentrischen Kreisen

Bisher reproduzierte sich in der Entwicklung der Europäischen Union immer wieder das folgende Muster: Das Zentrum der EU bildet eine politisch stabile Wohlstandszone. Außerhalb nimmt der Wohlstand mit zunehmender Distanz vom Zentrum ab. Die Zonen mit unterschiedlichen, abnehmenden Wohlstandsniveaus sind von einander durch Grenzen separiert. Die Durchlässigkeit dieser

Grenzen nimmt mit zunehmender Entfernung vom wohlhabenden Zentrum ab. Auf diese Weise ist das wohlhabende Zentrum auf zweierlei Weise gegenüber Außen geschützt: Je näher man an die EU herankommt, umso höher werden die Hindernisse und umso geringer werden die Anreize, sich weiter in Richtung auf den wohlhabenden Kern hin zu bewegen.[3] Die entscheidende Frage ist: Was sind die Ursachen für die Entwicklung dieses Musters?

Politische Instabilität ebenso wie starke Wohlstandsgefälle verursachen, wie ich ausführlich analysiert habe (vgl. Vobruba 1997), nicht nur für das Land, in dem sie entstehen, sondern auch für seine Nachbarn Probleme. Die spezifische Art von Problemen, die sich aus politischer Instabilität und Wohlfahrtsgefällen ergeben, belasten also sowohl die politisch instabile und arme als auch die stabile und wohlhabende Seite. Dies hat zur Folge, dass für die Expansion der EU unterschiedliche Gemengelagen von politischen und ökonomischen Motiven, allerdings stets mit politischer Dominanz, Ausschlag gebend sind.

Die Erweiterung der EU nach Süden in den 80er Jahren des 20. Jahrhunderts zielte auf die Stabilisierung der damals jungen Demokratien im Mittelmeerraum, Griechenland, Spanien und Portugal, nach mehr oder weniger langen Phasen von Diktatur (vgl. Leggewie 1979: 181). Gleichwohl war diese Erweiterungsrunde auch unmittelbar von ökonomischer Bedeutung. Der wohlhabende Kern der EU war einerseits an der Erschließung zusätzlicher Absatzmärkte interessiert, andererseits auf transnationale Transferzahlungen und auf Probleme der Arbeitsmigration eingestellt. Obwohl die Verteilungsspielräume weiter und die Absorptionsfähigkeit der Arbeitsmärkte besser waren als dies gegenwärtig der Fall ist, artikulierten sich im Vorfeld der Süderweiterung politische Widerstände gegen die Erweiterung. Denn es wurde auch damals eine ungleiche Verteilung von Erweiterungsnutzen und Erweiterungskosten erwartet, und Gruppen, die sich als potentielle Verlierer der Erweiterung sahen, tendierten auch damals dazu, gegen die Erweiterung zu opponieren. Schon 1978 wurde gegen die Arbeitsmigranten aus den neuen Mitgliedsländern und gegen Zahlungen an die neuen Mitgliedsländer polemisiert (vgl. Leggewie 1979: 177).

Obwohl sich im Zuge von Erweiterungsschüben der EU regelmäßig starke Abgrenzungsinteressen formieren, die auf verschärfte Exklusionspolitik drängen, zeigt die historische Erfahrung doch, dass längerfristig die politische und ökonomische Dynamik von Wohlstandsgefällen dazu führt, dass sie abflachen. Aber der zunehmende Wohlstand in vormals armen Ländern hat zweierlei Folgen: Er reduziert nicht nur das Wohlstandsgefälle gegenüber dem reichen Kern, sondern steigert zugleich auch das Wohlstandsgefälle gegenüber den noch ärmeren Nachbarn. Dies führt dazu, dass sich im Zuge der schrittweisen Integration

---

[3] Vgl. dazu vor allem Bach 2003: 50f.; Bach 2005; Beck, Grande 2004: 187f; Rhodes 2003: 54f.; Szalai 2003: 58f.

der vormaligen Peripherie das Wohlstandsgefälle nach außen verschiebt. Damit aber wird erkennbar, dass in die Expansion der EU ein Mechanismus der Selbstperpetuierung eingebaut ist. Jedes neu integrierte, in den wohlhabenden Kernbereich aufgerückte Mitglied entwickelt sofort selbst ein starkes Interesse daran, seine Peripherie zur Stabilisierungs- und Pufferzone zu entwickeln. Die Peripherie kann für den (erweiterten) wohlhabenden Kern als Stabilisierungs- und Pufferzone nur funktionieren, wenn sie selbst nicht mit all zu gravierenden politischen und ökonomischen Problemen belastet ist. Darum ist es hoch wahrscheinlich, dass wieder „eigennützige Hilfe" (Vobruba 1992) einsetzt, um die Peripherie in die Lage zu versetzen, als Pufferzone zu funktionieren.

Kompakt formuliert: Der wohlhabende Kern entwickelt politische Kalküle, welche auf eigennützige Hilfe für seine Peripherie hinauslaufen, um sie als Stabilitäts- und Pufferzone zu entwickeln. Die Peripherie übernimmt diese Funktion im Tausch für die Perspektive auf ihre spätere Vollmitgliedschaft. Als Konsequenz dieses Zusammenhangs erweitert sich der Kernbereich in der Sequenz: problemexportierende Nachbarregion/ Stabilitäts- und Pufferzone/ Kandidat für eine Mitgliedschaft/ EU-Mitglied samt Aufrücken in den wohlhabenden Kernbereich. Damit werden neue Regionen zur Peripherie der EU, geraten in die unmittelbare Interessensphäre des erweiterten Kerns der EU, und die Expansion geht in die nächste Runde. Das ist der Grund dafür, dass „for the EU (...) enlargement is not so much a discrete issue as an ongoing process." (Croft et al. 1999: 56) Die Expansion der EU gewinnt ihre Dynamik aus dem Muster konzentrischer Kreise und das Muster konzentrischer Kreise selbst reproduziert sich in der Expansion. Ich nenne diesen Zusammenhang darum: die Selbstperpetuierungstendenz der Expansion der Europäischen Union.[4] Sie lässt sich aus zwei Komponenten erklären.

Ich gehe darauf näher ein, indem ich zweierlei untersuche: erstens das Verhältnis von Exklusionspolitik und Inklusionspolitik als eigennützige Hilfe und zweitens das Verhältnis von Vertiefung der Integration und Expansion der EU.

2.4 Exklusionspolitik

„Wer Europa national denkt, verkennt dessen Wirklichkeit und Zukunft." (Beck, Grande 2004: 81) Feststellungen wie diese setzen eine distanzierte Beobachtungsperspektive voraus, in der sich Bilder der Zukunft entwerfen lassen, die

---

[4] Diese Formel trifft den Sachverhalt besser als mein älterer Vorschlag, von „Expansion durch erweiterte Integration" (Vobruba 2001: 139) zu sprechen.

attraktiv, mit den Gegebenheiten der Gegenwart aber kaum zu vermitteln sind.[5] Denn die gegenwärtige Wirklichkeit derer wird übersehen und übergangen, die von Transnationalisierungsprozessen existentiell bedroht werden und sich dagegen wehren. Widerstand gegen Transnationalisierung ist um so wahrscheinlicher, je ungleichmäßiger die Kosten und Nutzen der damit verbundenen grenzüberschreitenden Prozesse verteilt sind, je klarer die Träger der Kosten dies antizipieren und je geringer die Bereitschaft ist, diese Kosten zu tragen. Die klassische Reaktion der Verlierer in Integrationsprozessen ist der Ruf nach Grenzschließung. Eine Politik der Grenzschließung wird vor allem von schlecht qualifizierten Arbeitskräften und schwach wettbewerbsfähigen Unternehmen und Branchen gefordert. Gemeinsam formieren sie sich zu Allianzen gegen eine Politik der offenen Grenzen, teils indem sie Importrestriktionen, teils eine strikt restriktive Immigrationspolitik fordern. Die Interessen der Arbeitskräfte und der Unternehmen sind zwar nicht deckungsgleich, doch konvergieren sie darin, den Nationalstaat als ein Bollwerk gegen bedrohliche externe Einflüsse anzusehen und zu nützen.

Die Beziehungen zwischen der EU und den neuen Reformländern in Zentral- und Osteuropa in den 90er Jahren bieten dafür einschlägiges Anschauungsmaterial. Programmatisch dominierte ökonomische Öffnung der EU gegenüber den Reformstaaten, um ihnen durch den Zugang zu den Absatzmärkten der EU den wirtschaftlichen Aufholprozess zu erleichtern. In der Praxis führten diverse Ausnahmeregelungen vom freien Marktzugang, die zum Schutz schwacher Branchen innerhalb der EU getroffen wurden, zu einer weitgehenden Verkehrung des Sinns der asymmetrischen Handelsabkommen: Sie förderten die Ökonomien der Reformstaaten nicht, sondern benachteiligten sie. Dieser Widerspruch zwischen programmatischer Grenzöffnung und pragmatischer Grenzschließung war unvermeidbar. Denn gerade jene Branchen in den Reformstaaten, die in den ersten Jahren der Transformation im Export etwas anzubieten hatten, waren innerhalb der EU die eher rückständigen und darum an Schutz gegen Konkurrenz von außen interessiert. „Indeed, the benefits to the associates have been consistently undermined by safeguard clauses, the exclusion of agriculture and other sectors (...)." (Croft et al. 1999: 65; vgl. Stawarska 1999: 825; Stadler 1994) So kam es, dass die Bestrebungen der Reformstaaten, diese asymmetrischen Benachteiligungen los zu werden, zu einem wesentlichen Motiv für ihre Beitrittsbemühungen zur EU wurden.

Erfolgreiche Exklusionspolitik durch Grenzsicherung stellt hohe Anforderungen an das regulative Potential jener Staatsgrenzen, die zugleich EU-Außengrenzen sind. Es geht dabei einerseits um die Absicherung der Undurch-

---

[5] Zum Problem der unterschiedlichen Zeithorizonte in Modernisierungs- und Transformationsprozessen vgl. Vobruba 1991: 131ff.; Vobruba 2003a.

lässigkeit der Grenze, andererseits um die Vorverlegung von Zutrittsbarrieren zur EU. Zentral für diese Politik ist zum einen die Perfektionierung der technischen und organisatorischen Kontrolle und Regulierung von Grenzübertritten, zum anderen die Entwicklung des Konzepts des „sicheren Erstaufnahmelandes" und die damit installierten Abschiebungsketten. Ein gutes Beispiel dafür ist die Konstellation zwischen der EU und Polen vor dem Beitritt 2004. Zum einen wurde die deutsch-polnische Grenze technisch aufgerüstet und es wurde die Verfolgung illegaler Grenzübertritte organisatorisch verfeinert. Zum anderen wurde das Problem der Kontrolle und des Rücktransports von illegalen Grenzübertretern von der Ostgrenze Deutschlands (und damit damals zugleich: der EU) auf Polen übertragen und an Polens Ostgrenze verschoben. Dies war der Anstoß für die Installation längerer Abschiebungsketten. „Nach Abschluss des ersten multilateralen Rückführungsabkommens mit der EU bzw. den Schengener Staaten 1991 folgte zwei Jahre später ein deutsch-polnisches Abkommen, das die Zusammenarbeit der beiden Länder in bezug auf Abschiebungen erleichtern sollte. Im Verlauf des Jahres 1993 hat die polnische Regierung ihrerseits Verträge mit der Tschechischen Republik, der Ukraine, der Slowakischen Republik, mit Rumänien und Bulgarien abgeschlossen und damit die rechtlichen Voraussetzungen für ein internationales Ab- und Durchschiebesystem geschaffen." (AutorInnenkollektiv 2000: 159) Auf diese Weise werden die Kosten der Exklusionspolitik vom Zentrum auf die Peripherie abgewälzt. Mittlerweile gibt es intensive sicherheits- und asylpolitische Bemühungen, mit den nordafrikanischen Mittelmeeranrainern analoge Abschiebungsketten aufzubauen (vgl. Prantl 2004). Die Peripherie erhielt bisher im Tausch für diese Übernahme der Pufferfunktion die Perspektive auf eine spätere Mitgliedschaft in der EU. Wir werden sehen, dass sich im Zuge der weiteren Expansion der Interessensphäre der EU und ihrer Bemühungen, ihre Peripherie zu regulieren, dieser Mechanismus nicht perpetuieren lässt. Genau dies macht den Kern der gegenwärtigen Probleme der Entwicklung der EU aus und bewirkt eine grundlegende Modifizierung ihrer Dynamik. Die Dynamik setzt sich zwar fort, mündet aber nicht mehr in Vollmitgliedschaften und EU-Erweiterungen. Sie hat darum im Kapitel über Außenbeziehungen der EU ihren angemessenen Platz.

2.5 Inklusionspolitik als eigennützige Hilfe

Grenzüberschreitende Prozesse lassen sich auf einem Kontinuum zwischen den folgenden beiden Extremfällen darstellen: auf der einen Seite Prozesse, die durch Grenzen vollständig reguliert werden können, und auf der anderen Seite solche, die durch Grenzen überhaupt nicht regulierbar sind. Dazwischen findet man all jene Prozesse, deren Regulierung durch Grenzen mit mehr oder weniger organisatorischem Aufwand und – darum – mit mehr oder weniger Kosten verbunden ist. Beispiele für ersteres sind schwer zu finden. Am ehesten kommen grenzüberschreitende leitungsgebundene Energietransporte in Frage. An Beispielen für letzteres dagegen herrscht kein Mangel. Durch Luft oder Wasser transportierte grenzüberschreitende Umweltbelastungen sind zwei Beispiele unter zahlreichen. Schon dies ist ein starker Hinweis darauf, dass eine Politik strikter Exklusion, die nur auf die Regulationswirkungen von Grenzen baut, auf Dauer kaum Erfolg haben kann. Konsequenz davon ist, dass Exklusionspolitik fast immer von begrenzten Inklusionsangeboten begleitet wird. Dieser Zusammenhang ist die erste Komponente der Erklärung der Selbstperpetuierungstendenz der Expansion der EU.

Die Einsicht in die Grenzen der Wirksamkeit von Exklusionspolitik führt also zu politischen Angeboten kalkulierter Inklusion. Kalkulierte Inklusion folgt der Logik eigennütziger Hilfe (vgl. Vobruba 1992). Eigennützige Hilfe wird von dem Interesse angetrieben, Probleme, die sich grenzüberschreitend ausbreiten, an ihrem Entstehungsort zu lösen. Dies kann etwa darauf hinauslaufen, die Umweltpolitik eines armen Nachbarlandes zu subventionieren um grenzüberschreitende Umweltbelastungen zu verringern oder Prozesse ökonomischer und politischer Modernisierung und Stabilisierung in Nachbarländern zu fördern, um störende grenzüberschreitende spill-overs aller Art zu reduzieren, insbesondere um push-Faktoren für Migration abzubauen. Das Theorem „eigennützige Hilfe" hat den Vorteil, dass es grenzüberschreitende Beziehungen nicht mit Hilfe von Annahmen entsprechender normativer Orientierungen, sondern aus komplexen Interessenverflechtungen zwischen Sendern und Empfängern von Hilfe erklären kann, und daher die politische Moralrhetorik nicht für bare Münze nehmen muss. Eigennützige Hilfe gründet auf der Einsicht in der wohlhabenden Kernzone, dass ‚eure Probleme auch unsere Probleme' sind. Diese Formel wurde in den ersten Jahren nach 1989 häufig von westlichen Politikern verwendet, um ihre Wählerschaften von der Notwendigkeit finanzieller Hilfe für Mittel- und Osteuropa zu überzeugen. Den politischen Akteuren in den Reformgesellschaften selbst diente das Argument zu Begründung ihrer Ansprüche, denn: „Our problems are yours as well." (vgl. Odushkin 2001) Der legitimationswirksamen Anwendung dieses Arguments könnte im EU-Kontext allerdings durch ein Dilemma Grenzen gesetzt sein, auf das Nissen (2004: 26f.) aufmerksam gemacht hat. Die öffentliche Darstellung von Inklusionspolitik als eigennützige Hilfe spricht die utilitaristische Dimension einer europäischen Identität an, könnte aber gerade damit deren affektive Dimension stören, und eher zusätzliche Erwartungen wecken als die transnationale Umverteilungsbereitschaft innerhalb der EU stärken.

Der Mechanismus eigennütziger Hilfe bietet eine schlüssige Erklärung der Expansion der EU nach dem Muster konzentrischer Kreise. Der Fall der Wiedervereinigung ist ein gutes Beispiel dafür, wie eigennützige Hilfe zur Expansion führt. Denn die deutsche Wiedervereinigung lässt sich als kleine Osterweiterung verstehen. Unmittelbar nach 1989 wurde die Bundesrepublik Deutschland zu einem Anwalt der Interessen ihrer östlichen Nachbarn, insbesondere ihrer Interessen am Beitritt zur NATO und zur EU. „Clearly, given its geopolitical position, the united Germany realised the importance of avoiding turmoil on its eastern borders at an early stage. Thus Germany's policy on European security since 1990 has become, to some extent, a policy of stabilisation. Exporting stability to avoid importing instability constitutes the basic principle of this policy. As defence Minister Rühe, one of the first advocates of NATO enlargement, pointed out, it is in Germany's interest, to be surrounded by stable democracies, to be surrounded by allies and partners. 'We do not want to be the state on the edge of western Europe.'" (Létourneau, Hébert 1999: 111) Damit vollzog sich der erste Schritt in der oben skizzierten Sequenz: Die fragilen politischen und ökonomischen Verhältnisse der Nachbarländer wurden durch kalkulierte Inklusionsangebote stabilisiert. Im Gegenzug übernahmen diese – dies ist der nächste Schritt in der Sequenz – die Pufferfunktion für den wohlhabenden Kern der EU und erhielten den Kandidatenstatus. In diesem Sinne antwortete der damalige polnische Präsident Kwasniewski auf die Frage „Was bringt Polen in dieses Europa ein?": „Unsere strategische Lage, die uns viel Leid eingetragen hat, aber ebensoviel Kompetenz im Umgang mit den Nachbarn, gerade denen im Osten. Polen leistet viel für die Stabilität dieser Region." (Tagesspiegel, 11. 3. 2000. S. 6) Am 1. Mai 2004 erfolgte mit dem Beitritt Polens zur EU der dritte Schritt in der Sequenz.

Das Argument, das ich hier entwickle, läuft auf die Schlussfolgerung hinaus, dass die Expansionsdynamik keineswegs zum Erliegen kommt, sobald eine Erweiterungsrunde abgeschlossen ist. Vielmehr wird mit dem Vollzug einer Erweiterungsrunde die vormals weiter entfernte Peripherie Europas zur direkten Nachbarschaft der EU. Damit entwickeln sich analoge komplexe Interessenverflechtungen. Im Rahmen der selben Logik wies der stark westorientierte damalige Regierungschef der Ukraine, Viktor Juschtschenko, auf das Potential seines Landes als Puffer für die erweiterte EU: „Vor allem können wir Stabilität an Europas östlichen Grenzen sichern. Eine erfolgreiche Ukraine bedeutet einen Markt mit 48 Millionen Menschen, einen sicheren Rohstoff-Transport nach Europa, effiziente Rüstungskontrolle, eine Barriere für grenzüberschreitende Kriminalität, Schmuggel und Einwanderungsströme." (Süddeutsche Zeitung, 30. 9. 2004, S. 9) So drückt sich die Tendenz der Selbstperpetuierung der Expansion der EU aus der Perspektive der Peripherie aus.

Auch die Initiierung des Barcelona-Prozesses seit 1995, die Versuche der EU, ein einheitliches Muster für eine „Nachbarschaftspolitik" (Kommission der Europäischen Gemeinschaften 2004) zu entwickeln, und die europäische Politik der Annäherung an Libyen sind Ausdruck der Expansion als eigennützige Hilfe. Der Barcelona-Prozess zielt auf die Entwicklung einer Partnerschaft zwischen der EU und den nordafrikanischen Anrainerstaaten des Mittelmeeres mit der mittelfristigen Perspektive auf eine Freihandelszone.

2.6 Expansion infolge vertiefter Integration

Die zunehmende einheitliche Vertiefung der Integration der Europäischen Union verändert die Qualität ihrer externen Beziehungen. Je tiefer die EU integriert ist, um so direkter wird die wohlhabende Kernzone von Angelegenheiten in der Peripherie tangiert, und um so unmittelbarer werden ihre Interessen an der Abschottung gegenüber Problemen und an der Stabilisierung der politischen und wirtschaftlichen Verhältnisse dieser Peripherie. Exklusionspolitik als Sicherung der EU-Außengrenzen und Inklusionspolitik als eigennützige Hilfe zwecks Stabilisierung der ökonomischen und politischen Verhältnisse der Nachbarregionen werden also mit zunehmender Integrationstiefe mehr und mehr zu Gesamtanliegen der EU.

Mit der einheitlichen Vertiefung der Integration der EU lösen sich EU-interne Grenzen auf. Je weiter dieser Prozess voranschreitet, umso deutlicher richtet sich das gemeinsame Interesse der EU Mitgliedsländer auf ihre Peripherie und darauf, das Strukturmuster konzentrischer Kreise dort weiter zu entwickeln. Sicherheits- und Stabilitätsinteressen treiben eine Politik unterschiedlicher Kombinationen von kalkulierter Inklusion, also: Beteiligung am Wohlstand, und Exklusion, also: Errichtung von Zutrittsbarrieren, an. Ich nenne diesen Mechanismus: Expansion in der Folge vertiefter Integration. Dies stellt die zweite Komponente der Erklärung der Selbstperpetuierungstendenz der Expansion der EU dar.

Die gegenwärtige Integrationstiefe der Europäischen Union wird wesentlich bestimmt von (a) der gemeinsamen Währung und den Maastricht Kriterien, also der EURO Zone, und (b) durch die Schaffung eines großen Freizügigkeitsraumes durch den Wegfall von Binnengrenzen, das so genannte „Schengenland".

(a) Die gemeinsame europäische Währung samt Maastricht Kriterien entfaltet hinsichtlich der Vertiefung[6] der Europäischen Union ambivalente Wirkungen.

Erstens hat sich durch die gemeinsame Währung der wirtschafts- und finanzpolitische Handlungsspielraum der Mitgliedsländer dramatisch verringert. Zwar werden die Verschuldungsregeln, wie sie im Vertrag von Maastricht festgesetzt sind, verletzt und es ist offensichtlich, dass die Kommission zumindest gegenüber den großen Mitgliedsländern über keine Instrumente verfügt, solche Verstöße zu sanktionieren. Aber die Definition von Verschuldungsgrenzen ist keineswegs wirkungslos. Zum einen setzen die Verschuldungsregeln nationale Regierungen unter Rechtfertigungsdruck und implizieren die Gefahr von Autoritätsverlusten im Binnenverhältnis der Mitgliedsländer in der EU-politischen Arena. Und zum anderen können Verstöße gegen die Maastrichtkriterien zum Thema in der innenpolitischen Arena gemacht werden, und es lassen sich so nationale Regierungen innenpolitisch unter Druck setzen. Die enge Definition der Verschuldungsgrenzen im Maastrichtvertrag macht Staatsverschuldung zur begründungspflichtigen Ausnahme und entzieht einer systematisch auf niedrige Realzinsen und deficit spending bauenden Wirtschafts- und Beschäftigungspolitik die Grundlage. Dies ist dann problematisch – und belastet die Stabilität der erreichten Integrationstiefe der EU –, wenn die Konjunkturzyklen der einzelnen Mitgliedsländer asynchron verlaufen und die einheitliche Nominalzinspolitik der EZB bei unterschiedlichen Inflationsraten zu unterschiedlichen Realzinshöhen führt (vgl. Spahn 2004). Für Länder mit schwachem Wirtschaftswachstum und niedriger Inflation entsteht daraus eine Realzinsfalle, die sie aus eigener Kraft kaum überwinden können.

Zweitens tangiert die Einführung des EURO die Frage einer Europäischen Identität in ambivalenter Weise (vgl. Nollmann 2002). Zum einen ist sie ein Symbol der Zusammengehörigkeit, an das Hoffnungen auf die Festigung einer Europäischen Identität geknüpft werden. Dies wurde anlässlich der Einführung der einheitlichen Banknoten und Münzen am 1. 1. 2002 immer wieder betont und gefeiert. Zum anderen gehen mit ihr erhöhte Anforderungen an die sozialintegrative Leistungsfähigkeit einer Europäischen Identität einher. Letzteres ergibt sich daraus, dass mit der gemeinsamen Währung, der Wechselkursmechanismus als Puffer zwischen unterschiedlich leistungsfähigen Ökonomien der Mitgliedsländer entfällt, was längerfristig steigende Umverteilungserfordernisse innerhalb

---

[6] Davon sind mögliche Außenwirkungen der gemeinsamen Währung zu unterscheiden: „Der Euro eröffnet der Union die einmalige Chance, zu einer der führenden Finanzmächte aufzusteigen." (Europäische Kommission 1997: 17) Eine integrationspolitische Bilanz der gemeinsamen Währung müsste nicht nur Außenwirkungen und interne Wirkungen gegeneinander abwägen, sondern auch noch deren Interaktionseffekte berücksichtigen. Aber darum geht es hier nicht.

der EU wahrscheinlich macht. Denn die Einführung der gemeinsamen Währung markiert das Ende des wettbewerbspolitisch einsetzbaren Instruments der Abwertung. In der Konsequenz sehen sich weniger produktive Ökonomien der Konkurrenz mit produktiveren innerhalb der EU ungeschützt ausgesetzt. In dieser Konkurrenz an Boden zu verlieren bedeutet zusätzliche Arbeitslosigkeit, die – und das ist entscheidend – der EU als Verursacherin politisch zugeschrieben werden kann. Das ist der Grund, warum die gemeinsame Währung das Potential hat, Forderungen nach einer EU-weiten sozialpolitischen Umverteilung entstehen zu lassen, wozu die EU allerdings keineswegs in der Lage ist. „Depending on the specific form that the monetary union might take, massive fund transfers may become necessary to smooth out income differentials. The alternative is regionally-concentrated massive unemployment, massive intra-EU migration, or both." (Hama 1996: 79; vgl. Eichengreen 1993; Spahn 2001: 169ff.; Vobruba 2001: 115ff.).

(b) Mit dem Abkommen von Schengen wurden die Grenzkontrollen innerhalb der EU weitgehend aufgehoben. Dies hat zur Konsequenz, dass die wohlhabende Kernzone der EU ein direktes Interesse an den Vorgängen an den Grenzen jener Mitgliedsländer entwickelt, die zugleich EU-Außengrenzen sind. Daraus ergibt sich eine spezifische Souveränitätsverschiebung von diesen Staaten auf die EU: Ihre Staatsgrenzen sind nicht mehr nur ihre eigene Angelegenheit, denn auf sie beziehen sich Aufmerksamkeit und Interessen der EU insgesamt. Vor dem Inkrafttreten des Schengen-Abkommens bedeutete die illegale Einreise nach Spanien, dass man die spanische Grenze überwunden hatte und in Spanien war. Nach dem Inkrafttreten des Abkommens bedeutet die Einreise aus Nordafrika, dass man das „Schengen-Land" erreicht hat, dass man also Zutritt zu all den Mitgliedsländern der EU hat, zwischen denen keine Grenzkontrollen mehr stattfinden. Daraus folgt: Simultan mit dem Abbau der EU-Binnengrenzen erfolgt die Verstärkung der EU-Außengrenzen. Empirisch lässt sich dies mit der in den letzten zehn Jahren stark gestiegenen politischen Aufmerksamkeit für die Probleme der Grenzsicherung im Mittelmeerraum belegen. Dies betrifft vor allem die Aufrüstung der Grenze der beiden afrikanischen Enklaven Spaniens, Ceuta und Melilla, und die Pläne, entlang der Nordafrikanischen Küste Auffanglager für illegale Migranten zu errichten. In beiden Fällen wird die Bereitschaft der (hier: nordafrikanischen) Peripherie zur Übernahme einer Pufferfunktion für die EU mit Kostenübernahme und kalkulierten Inklusionsversprechen verknüpft. Im Ergebnis kommt es zur Vorverlagerung von Grenzregulierung und zur Expansion des Interessen- und Einflussbereichs der EU.

Wieder gilt: Da die Sequenz instabile Peripherie/Pufferzone/Integration unterhalb der Vollmitgliedschaft abbricht, geht hier die Erweiterungsdynamik der EU in die Entwicklung ihrer Außenbeziehungen über.

Die Analyse zeigt, dass sich die Europäische Union bisher tatsächlich entsprechend dem skizzierten Muster entwickelte. Grenzen und Grenzkontrollen werden sukzessive nach außen verschoben und Abschiebungsketten installiert, woraus sich neue Konflikte zwischen der teilintegrierten Peripherie und ihren äußeren Nachbarn ergeben. Gleichzeitig wird das Wohlstandsgefälle zwischen dem wohlhabenden Kern und der Peripherie nach außen verschoben und den Ländern der Peripherie wird die Möglichkeit zukünftiger Inklusion in den wohlhabenden Kernbereich signalisiert. In den vergangenen Jahrzehnten hat sich dieses Entwicklungsmuster etabliert und das politische Vorstellungsvermögen der politischen Eliten sowohl in der wohlhabenden Kernzone als auch in der Peripherie dominiert.[7]

Ich fasse zusammen. Im Verhältnis von wohlhabendem Kernbereich und Peripherie der EU entstehen typische Interessenverflechtungen, aus denen sich unterschiedliche Kombinationen von Exklusions- und Inklusionspolitik ergeben. Zugleich modifiziert die zunehmende Vertiefung der EU die Interessenkonstellationen im Innen- und im Außenverhältnis der EU und damit ihre Exklusions- und Inklusionspolitik. Die daraus resultierenden Kombinationen von Exklusion durch Grenzschließung und Inklusion als eigennützige Hilfe bewirken die Selbstperpetuierungstendenz der Expansion der Europäischen Union. Das ist der Kern der Theorie der Dynamik Europas.

Ich werde in den späteren Kapiteln einzelne Aspekte dieses Arguments aufgreifen, auf unterschiedliche Problembereiche der Integration und Erweiterung der Europäischen Union beziehen und auf diesem Wege die Theorie der Dynamik Europas vervollständigen.

---

[7] Bezeichnender Weise folgen im EU-Verfassungsvertrag die Artikel „Die Union und ihre Nachbarn" und „Kriterien und Verfahren für den Beitritt zur Union" unmittelbar aufeinander (Art. I-57 und Art. I-58). Alle Zitate aus: Verfassung 2004.

3. Europas Dynamik an internen Grenzen

3.1 Gewinner und Verlierer

3.1.1 Einleitung

Dass die Europäische Integration in erster Linie ein politisches Projekt ist, heißt nicht, dass sie ökonomisch irrelevant ist. Ganz im Gegenteil, sie hat immense ökonomische Folgen. Darum geht es in diesem Kapitel.

Warum sind politische Integrationsprozesse überhaupt ökonomisch folgenreich? In der Sprache der systemtheoretischen Soziologie lässt sich diese Frage so beantworten: Funktionale Differenzierung hat sich historisch im Rahmen und gleichsam unter dem Schutz segmentärer Differenzierungen entwickelt: Nationalstaatliche Grenzen unterbrachen nicht das Funktionieren der Zusammenhänge einer globalen Ökonomie, sondern boten den Schutzraum, in dem sich die Funktionszusammenhänge einer modernen Ökonomie überhaupt erst ausbilden konnten (vgl. Holz 2000). Damit etablierte sich ein neues Differenzierungsmuster mit einem enormen Entwicklungspotential. In dem Maße, wie es sich entfaltete, entwickelten sich die segmentären Differenzierungen von förderlichen Begrenzungen zu Funktionsbehinderungen der funktional spezialisierten Teilsysteme. Erst aus dieser ex post Perspektive erscheint segmentäre, territoriale Differenzierung als Unterbrechung der Zusammenhänge funktional ausdifferenzierter Teilsysteme und als Behinderung ihres effizienten Funktionierens. Politische Integrationsprozesse nationalstaatlicher Räume bauen Kollisionen zwischen territorialer und funktionaler Differenzierung ab und ermöglichen somit Steigerungen der Leistungsfähigkeit funktional spezialisierter Systeme, hier: des ökonomischen Systems. Dies ist der Kern der Erklärung dafür, dass politisch initiierten ökonomischen Integrationsprozessen, die Staatgrenzen übergreifen, plausibel ein wohlstandssteigernder Effekt zugeschrieben werden kann.

Wie gesagt: Die Osterweiterung der Europäischen Union ist ein historisches Großprojekt. Das konnte man während der Festakte am 1. Mai 2004 zum Beitritt der zehn neuen Mitglieder oft hören. Selten dagegen war die Rede davon, was geschehen muss, damit dieses historische Großprojekt ein Erfolg wird. Damit stellt sich die Frage nach Kriterien für diesen Erfolg.

Grundlage der erfolgreichen Integration der Europäischen Union ist die transnationale soziale Integration der Bevölkerungen ihrer Mitgliedsländer, also die Entstehung und Verdichtung von sozialen Beziehungen zwischen Angehörigen unterschiedlicher Mitgliedsländer (vgl. Delhey 2005; Münch, Büttner 2006). Dies rückt die Frage nach sozial desintegrativem Potential innerhalb der EU ins Zentrum der Aufmerksamkeit. Üblicherweise werden Integrationsprobleme der EU auf Unterschiede innerhalb ihrer Mitgliedsländer und zwischen ihnen zurückgeführt, EU-übergreifende Gleichartigkeiten dagegen als der Integration förderlich angesehen. Aber diese eindeutigen Zuordnungen sind in zweifacher Hinsicht unangemessen (vgl. Blau 1977). Weder sind alle Arten von Unterschieden integrationsstörend, noch sind alle Arten von Gleichartigkeiten integrationsfördernd.

3.1.2 Unterschiede und prekäre Gleichartigkeiten

Die weitere Expansion der EU bringt eine exponentielle Zunahme von Unterschieden und prekären Gleichartigkeiten innerhalb der EU mit sich.

Unterschiedliche Unterschiede

Schon der „Leitspruch" des Verfassungsvertrages (Art. I-8) – „In Vielfalt geeint" – zeigt, dass es nicht Ziel der EU ist, alle Ungleichartigkeiten abzubauen. Im Artikel I-3 wird zwischen zweierlei Arten von Unterschieden unterschieden. Die Union „fördert den wirtschaftlichen, sozialen und territorialen Zusammenhalt und die Solidarität zwischen den Mitgliedsstaaten." Und: „Sie wahrt den Reichtum ihrer kulturellen und sprachlichen Vielfalt und sorgt für den Schutz und die Entwicklung des kulturellen Erbes Europas." (Art. I-3 (3)) Unterschiede in den materiellen Lebensbedingungen werden in der Verfassung also als störend angesehen, kulturelle Unterschiede dagegen als schützenswert deklariert. Es ist darum wichtig, zwischen unterschiedlichen Arten von Unterschieden zu unterscheiden. Worauf kommt es dabei an? Was ist das Kriterium dafür, ob Unterschiede integrationshinderlich sind oder nicht? Es ist in der EU-Debatte üblich, Integrationsprobleme exklusiv darin begründet zu sehen, dass sich Unterschiede zwischen Mitgliedsländern, Regionen, Bevölkerungen und einzelnen Gruppen nicht entproblematisieren lassen, weder durch ihren Abbau und langsame Angleichungsprozesse, noch durch Entwicklung einer ausreichend hohen individuellen und institutionellen Unterschiedstoleranz. Diese Sichtweise ist deshalb unpräzise, weil sie auf die Unterschiede an sich abstellt statt auf unterschiedliche Möglichkeiten der Relationierung von Unterschieden innerhalb der

EU. Unterschiede stellen nur unter der Bedingung Integrationshindernisse dar, dass sie sich nicht in Komplementaritätsbeziehungen zueinander bringen lassen. Darum lässt sich die Debatte, ob der Beitritt eines Landes mit erheblichen Unterschieden gegenüber dem bisherigen EU-Bestand mehr beunruhigende Fremdheit oder eine kulturelle Bereicherung bedeutet, nur unter der Prämisse sinnvoll führen: Wie die Relationierung von solchen Unterschieden zueinander aussieht, steht nicht a priori fest, sondern hängt von spezifischen Deutungen, politischer Steuerung und institutionellen Arrangements ab. Die Debatte um Unterschiede und ihre Verträglichkeit innerhalb der EU muss also in zwei Dimensionen geführt werden. Zum einen: Lassen sich die Unterschiede entproblematisieren, indem man sie zueinander in ein Komplementaritätsverhältnis bringt? Zum anderen: Falls dies nicht möglich ist – welche Unterschiede lassen sich in welchen Zeithorizonten auf ein integrationsverträgliches Maß abbauen?

Prekäre Gleichartigkeiten

Zweitens spielen prekäre Gleichartigkeiten innerhalb der Union[8] eine mindestens ebenso wichtige Rolle. Genau das lässt sich aus den Integrationsproblemen lernen, welche die Erweiterungen der EU verursachen. Im Zuge der Osterweiterung entstehen neue Konkurrenzverhältnisse und Interessenkonflikte. Diese ergeben sich vor allem aus der – wenn auch politisch retardierten – Transnationalisierung von Arbeits- und Gütermärkten. Entscheidend für die Entstehung von Konkurrenzbeziehungen und Interessenkonflikten ist, dass es sich um gleiche Arbeitsmarktsegmente und gleiche Branchen in bisher national separierten Arbeitsmärkten und Ökonomien in unterschiedlichen Mitgliedsländern handelt, die im Zuge der EU-Erweiterung transnationalisiert werden. Dies sollte nicht wirklich überraschen, denn segmentäre Differenzierung ist gerade dadurch charakterisiert, dass sie Gleichartiges von Gleichartigem trennt (vgl. Luhmann 1997: 641). Durch den Abbau segmentärer Differenzierung werden diese Gleichartigkeiten prekär. Gleiche Branchen und gleich qualifizierte Arbeitskräfte erfahren den Grenzabbau und die Transnationalisierung ökonomischer und sozialer Räume als politisch verfügte Zulassung von neuen Konkurrenten und Verschärfung von Konkurrenz. Für unterschiedlich spezialisierte Volkswirtschaften und unterschiedlich qualifizierte Arbeitskräfte dagegen ergeben sich in der Folge von Grenzabbau und Transnationalisierung viel eher Komplementaritätsverhältnisse und neue Kooperationschancen. Es sind also nicht Unterschiede,

---

[8] Die europäische Integration als Pazifizierungsprojekt bestand im Kern darin, die prekären Gleichartigkeiten zwischen den Nationalstaaten zu entschärfen. „Europa war ein Konglomerat von gleichartig konstruierten Nationalstaaten, die untereinander in Konkurrenz standen, ihre Autonomie verteidigten und auf Abgrenzung bestanden." (Lepsius 2004: 3)

sondern prekäre Gleichartigkeiten, aus denen Interessenkonflikte entstehen, welche die Integrationskraft der Institutionen der EU belasten. Von hier aus ist die Unangemessenheit aller politischer Strategien, die an diesen Gleichartigkeiten festhalten, leicht zu sehen. Die Versuche, die Kostennachteile einzelner Branchen im reichen Kern der EU gegenüber gleichartigen Branchen in den Neumitgliedsländern durch Lohnsenkungen abzubauen, scheitern. Solche Strategien lösen das Basisproblem der prekären Gleichartigkeit nicht nur nicht, sondern tragen auch noch dazu bei, dass Möglichkeiten einer Umstellung von Konkurrenz- auf Komplementaritätsbeziehungen zwischen Alt- und Neumitgliedern der EU verstellt werden. Wenn zutrifft, dass Interessenkonflikte harte Integrationshindernisse für die EU darstellen, dann sind prekäre Gleichartigkeiten und das politische Unvermögen, sie zwecks Entwicklung von Komplementaritätsbeziehungen abzubauen, das entscheidende Integrationsproblem der sich erweiternden Europäischen Union. Ungleichheiten und prekäre Gleichartigkeiten haben freilich gemeinsam, dass sie politischer Steuerung nur bedingt zugänglich und nur in einem weiteren Zeithorizont gestaltbar – im Sinne von: produktiv zueinander relationierbar – sind. Das bedeutet: Die Einsicht, dass weder Unterschiede noch prekäre Gleichheiten innerhalb der EU unveränderbar sind, bedeutet nicht, dass sie als Integrationshindernisse nicht ihre soziale Wirkung entfalten. Jede Erweiterungsrunde der Europäischen Union bedeutet eine Zunahme von Unterschieden, aus denen sich Konflikte ergeben können und von Gleichartigkeiten, aus denen sich Konkurrenzbeziehungen konstituieren. Konsequenz davon ist, dass die Expansionsdynamik des Projekts Europa immer höhere Integrationskosten verursacht. Damit treten Expansion und Integration der EU zueinander zunehmend in Widerspruch.

Die nächste Frage, um die es in diesem Kapitel geht, lautet, welche Muster sozialer Ungleichheit sich im Zuge der Osterweiterung entwickeln. Im nächsten Kapitel geht es dann um die Interessen, die sich auf den sich integrierenden Arbeitsmärkten und speziell aus den Übergangsregelungen zur Freizügigkeit der Arbeitnehmer ergeben. Ich untersuche dies mit Blick auf die Anschlussfrage, ob und in welcher Weise das Mehrheitsverfahren als prominenter Mechanismus der politischen Willensbildung in der EU auf diese Ungleichheitsmuster eingestellt ist. Kann es zwischen unterschiedlichen Interessenpositionen Ausgleich schaffen, oder entziehen die Ungleichheitsmuster ihm die soziale Basis seiner sozialintegrativen Wirksamkeit? Das ist das Thema des Kapitels über das Mehrheitsverfahren, seine Voraussetzungen und seine Grenzen in der EU. Insgesamt untersuche ich in den folgenden drei Kapiteln Formen sozialer Ungleichheit auf ihr sozialdesintegratives Potential für die EU. Dies erfolgt vor dem Hintergrund der im Verfassungsvertrag verankerten Zielsetzung, den „wirtschaftlichen, sozialen und territorialen Zusammenhalt" zu fördern und ihrer Konkretisierung,

„insbesondere (...) die Unterschiede im Entwicklungsstand der verschiedenen Regionen und den Rückstand der am stärksten benachteiligten Gebiete zu verringern" (Art. III-220) sowie der damit verbundenen sozialpolitischen Zielsetzung der „Verbesserung der Lebens- und Arbeitsbedingungen, um dadurch auf dem Wege des Fortschritts ihre Angleichung zu ermöglichen." (Art. III-209)

3.1.3 Der EU-Beitritt als Modernisierungsanstoß

Der Beitritt zur Europäischen Union bedeutet für die neuen Mitgliedsländer den Anstoß zu einem umfassenden gesellschaftlichen Modernisierungsprozess. Dieser Prozess hat längst vor dem Beitritt begonnen und ist mit dem administrativen Vollzug des Beitritts keineswegs abgeschlossen. Modernisierungsprozesse sind im Kern immer ökonomische Vorgänge. Modernisierung- und Transformationsprozesse haben deshalb immer einen ökonomischen Kern, weil sie immer auch umfassende, tief greifende Reallokationsprozesse sind: Produktionsfaktoren werden anders gruppiert und in neue Verbindungen miteinander gebracht. Ergebnis davon sind insbesondere neue Formen von Arbeitsteilung, die Wohlstandsgewinne abwerfen. Die zentrale Erwartung, die mit solchen Prozessen verbunden ist, lautet ja, dass sie zu Steigerungen von wirtschaftlicher Leistungsfähigkeit und – in der Folge – zu mehr Wohlstand führen. Aber Modernisierungsprozesse beschränken sich nicht auf die Wirtschaft.

Ebenso wichtig sind die Rahmenbedingungen wirtschaftlicher Modernisierung: Die Einrichtung und staatliche Garantie bürgerlicher Freiheits- und politischer Partizipationsrechte und insbesondere die rechtsstaatliche Garantie des Privateigentums. Diese institutionellen Aspekte von Transformationsprozessen stehen in engem Zusammenhang mit den ökonomischen, sind einerseits Voraussetzungen der ökonomischen Transformation und haben andererseits die ökonomische Transformation selbst als Voraussetzung. Es sind gerade diese wechselseitigen Bedingungsverhältnisse, welche die Transformation so schwierig machen. Erstens müssen wichtige nicht-ökonomische Voraussetzungen erfüllt sein, damit die ökonomische Modernisierung erfolgreich ist. Und zweitens hat die ökonomische Modernisierung Folgen für die sozialen Verhältnisse, die ihrerseits auf den ökonomischen Erfolg zurückwirken. Darum ist die Frage, welche Muster sozialer Ungleichheit sich im Zuge der Osterweiterung entwickeln, und welche politischen Probleme sich daraus ergeben, nicht nur für die Betroffenen, sondern für das Projekt Osterweiterung insgesamt entscheidend. Der Erfolg der Osterweiterung als politisches Projekt hängt von der Ökonomie ab, und der ökonomische Erfolg beruht auf politischen Rahmenbedingungen. Eine elaborierte Problemsicht auf die Osterweiterung wird in der Agenda 2000 dokumentiert: „Der Anpassungsprozess wird wahrscheinlich in Regionen oder Industriezweigen, die ohnehin an einem Überangebot an Arbeitskräften oder einem Kapazitätsüberhang in den so genannten sensitiven Sektoren leiden, recht schmerzhaft sein. Dagegen wird die Anpassung weitaus leichter vonstatten gehen, wenn die Kapazitäten komplementär sind oder nicht wirklich miteinander konkurrieren, z. B. in den Bereichen Telekommunikation, Energieversorgung, Finanzdienstleistungen und Tourismus. Es lässt sich nur schwer genau vorhersagen, welche Sektoren und Regionen zu den ‚Verlierern' bzw. ‚Gewinnern' gehören werden und in welchem Maße, doch wird der Anpassungsbedarf in Regionen und Industriezweigen, die ohnehin vom wirtschaftlichen Niedergang betroffen sind, noch größer werden. Zur Abfederung der regionalen und sozialen Probleme im Zusammenhang mit diesem Strukturwandel wird es möglicherweise öffentlicher Hilfen bedürfen." (Europäische Kommission 1997: 116)

In der politischen Alltagspraxis werden diese komplizierten Bedingungsverhältnisse in aller Regel rhetorisch überspielt. Modernisierungs- und Transformationsprozesse werden so dargestellt, dass sie Wohlstandsgewinne rasch und für alle abwerfen. Zum Beispiel: Es werde in Folge der Wiedervereinigung keine Verlierer und viele Gewinner geben, war Anfang der 90er Jahre ein bekanntes Statement des damaligen deutschen Bundeskanzlers Helmut Kohl. Analog formulierte die SPD in dem Leitantrag „Verantwortung für Europa" mehr als zehn Jahre später (30. 4. 2001): „Politisch und wirtschaftlich wird die Osterweiterung der EU sowohl für die Beitrittskandidaten als auch für die jetzigen Mitgliedsstaaten ein Gewinn." Aber wenn solche Statements zum allgemeinen Wohlstandsniveau übertrieben optimistisch, ungenau und darum möglicherweise irreführend sind, so sind Versprechungen, die sich auf konkrete Verteilungspositionen beziehen, schlicht falsch: „Es gibt überhaupt keine Erweiterungsverlierer." (Verheugen 2004: 8) Schon wenige Tage nach dem 1. Mai 2004 prognostiziert die Deutsche Bundesbank eine erhebliche Verschärfung des Steuerwettbewerbs zwischen Deutschland und den Neumitgliedern und zusätzlichen Reformdruck (Süddeutsche Zeitung, 18. 5. 2004, S. 20). Der aber impliziert Gewinner und Verlierer.

In diesem Kapitel geht es um die Frage der Verteilung unterhalb der Ebene der allgemeinen ökonomischen Entwicklung, es geht um Gewinner und Verlierer unterhalb der Ebene von Durchschnitten.

3.1.4 Modernisierungskarrieren

Die empirische Evidenz dafür, dass die Erwartung, die Osterweiterung der EU sei eine umfassende win-win Konstellation, trügerisch ist, dass solche Aussagen also schlicht falsch sind, ist überwältigend. Modernisierungs- und Transformationsprozesse haben immer Gewinner und Verlierer. Dafür gibt es historische und aktuelle Beispiele (vgl. Nautz, Nagel 1999). Schon die erste Globalisierungswelle mobilisierte den Widerstand der rückständigen Teile des deutschen Unternehmertums und ihrer Beschäftigten. Allein der Name des im Jahr 1876 gegründeten Spitzenverbandes macht die Stoßrichtung klar: „Centralverband deutscher Industrieller zur Beförderung und Wahrung nationaler Arbeit". Quer durch das 20. Jahrhundert lassen sich die destruktiven Effekte existentieller Verlustängste, die sich in aggressiven Nationalismus und Separatismus umsetzten, studieren. Anfang der 90er Jahre des 20. Jahrhunderts kam es im Vorfeld der Verhandlungen um das NAFTA zu differenzierten Einschätzungen der zu erwartenden Gewinner und Verlierer (vgl. Bolle 1993). Analoge Fragen wurden im Vorfeld der Osterweiterung der EU diskutiert. Die Agenda 2000 kam zu der Einschätzung: „Die wirtschaftlichen Auswirkungen der Erweiterung werden auf längere Sicht für die Europäische Union zweifellos von Vorteil sein. (...) Diese Vorteile werden sich jedoch nicht alle von heute auf morgen einstellen und auch nicht gleichmäßig verteilt sein." (Europäische Kommission 1997: 115; vgl. Tang 2000).

Ich will und kann hier nicht im Detail darauf eingehen, sondern werde ein allgemeines Schema typischer Verläufe von „Transformations- und Modernisierungskarrieren" einführen:

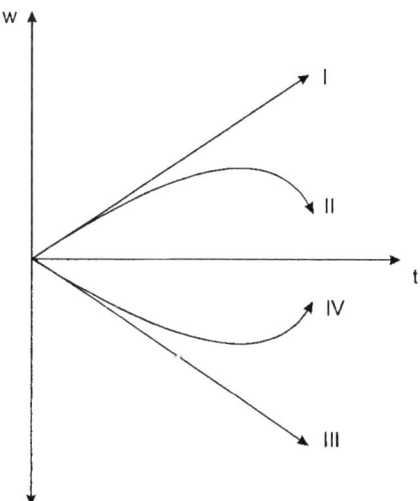

Abbildung 1: Transformations- und Modernisierungskarrieren

Ad I. Ohne eine ausreichend große Gruppe, die diesen Karriereverlauf erwartet, ist kaum plausibel zu machen, wieso tief greifende Modernisierungsprozesse überhaupt in Gang kommen. Jene Arbeitskräfte und Unternehmen, die sich rasch auf neue Gegebenheiten einstellen können, zählen von Beginn eines Modernisierungsprozesses an zu den Gewinnern und haben gute Chancen, ihre Gewinnerposition auch langfristig zu halten; sei es, weil sie besonders flexibel und innovativ sind, sei es, weil es ihnen gelingt, ihre Privilegien aus den alten Verhältnissen in die neuen zu transferieren.

Ad II. Die zweite Gruppe besteht aus Akteuren, die Vorteile aus Umbruchzeiten ziehen können, die sich nicht in stabile Positionen im Rahmen der konsolidierten neuen Verhältnisse überführen lassen. Etwa deshalb, weil ihre Einkommensstrategien mit dem Strafrecht unvereinbar sind, oder weil sie in Kämpfen zwischen rivalisierenden Clans unterliegen.

Ad III. Die Zahl der kurz- und langfristigen Verlierer hängt davon ab, wie umfassend und tief greifend ein Modernisierungsprozess wirkt. Diese Gruppe hat klar gegen die Modernisierung stehende Interessen und das größte Obstruktionspotential. Ebenso wie bei Gruppe II ist die Frage offen, ob sie im Zuge des Modernisierungsprozesses lautlos absorbiert wird, oder sich organisatorisch, etwa auf territorialer Basis verfestigt. Darum sind hier am ehesten Kompensationszahlungen politisch wahrscheinlich -- Leistungen, die aus den generellen wirtschaftlichen Effizienzgewinnen des Modernisierungsprozesses finanzierbar sind, was freilich voraussetzt, dass die Modernisierung oder Transformation tatsächlich gelingt. Dies aber hängt entscheidend davon ab, ob die vierte Verlaufsform funktioniert. Nämlich:

Ad IV. Betrachtet man die Entwicklung der ökonomischen Kennziffern in den neuen Reformgesellschaften Mittel- und Osteuropas, so sieht die Normalform des Verlaufs von Transformationsprozessen so aus: Kurzfristig überwiegen die Verluste, längerfristig die Gewinne. Die Erfahrung der Transformationsprozesse der Länder Mittel- und Osteuropas in den letzten 15 Jahren hat gezeigt, dass diese Verlaufsform nicht nur das Transformationsschicksal der größten Gruppe in der Gesellschaft darstellt, sondern auch die Entwicklung der Ökonomien der Transformationsgesellschaften insgesamt abbildet. Entscheidendes Merkmal dieser Verlaufsform ist, dass sie Interessensaufschübe impliziert: Man muss auf die Erträge der Transformation und des eigenen Engagements in ihr warten wollen und warten können. Entscheidend sind also Motivation und materielle Möglichkeiten, die Verfolgung eigener Interessen aufzuschieben.

3.1.5 Transformationsprozess und EU-Beitritt

Ich habe die vier Verlaufsmuster so abstrakt dargestellt, um ihnen sowohl die Transformationsprozesse nach 1989 als auch die Modernisierungsprozesse subsumieren zu können, die durch den EU-Beitritt angestoßen wurden. Dadurch lassen sich die Transformationsprozesse (nach 1989) in den Ländern Mittel- und Osteuropas und die Entwicklungen in Vorbereitung und in der Folge der EU-Osterweiterungsrunde (Mai 2004/ Januar 2007) im Rahmen dieses Schemas darstellen und miteinander verknüpfen. Sowohl die Transformationen als auch die Osterweiterung lassen sich als politische Großprojekte verstehen, die tief greifende Reallokationsprozesse auslösen, in deren Folge es zu deutlichen Veränderungen der Arbeitsteilung zwischen und innerhalb der einzelnen Länder kommt. Dadurch verändern sich die Entwicklungschancen unterschiedlicher Sektoren der Wirtschaft und der Lebenschancen unterschiedlicher Beschäftigtengruppen. Das bedeutet einerseits Effizienzgewinne, Steigerung von Markt- und Lebenschancen, andererseits zunehmende Einkommensungleichheit, regionale Disparitäten und soziale Probleme. Damit wird die gegenwärtige spezifische Problemlage dieser Länder deutlich: Sie müssen mit den Chancen und Problemen von zwei rasch aufeinander folgenden Schüben „krassen sozialen Wandels" (Clausen 1994) fertig werden. Ich unterstelle einen insgesamt geglückten Verlauf des Transformationsprozesses: Nach dem „Tal der Tränen" haben sich Transformationsgewinne eingestellt, das Ausgangsniveau der Entwicklung wurde wieder erreicht und überboten. Nun kommt es zum EU-Beitritt, der einen weiteren Modernisierungsprozess anstößt. Dies lässt sich graphisch so darstellen:

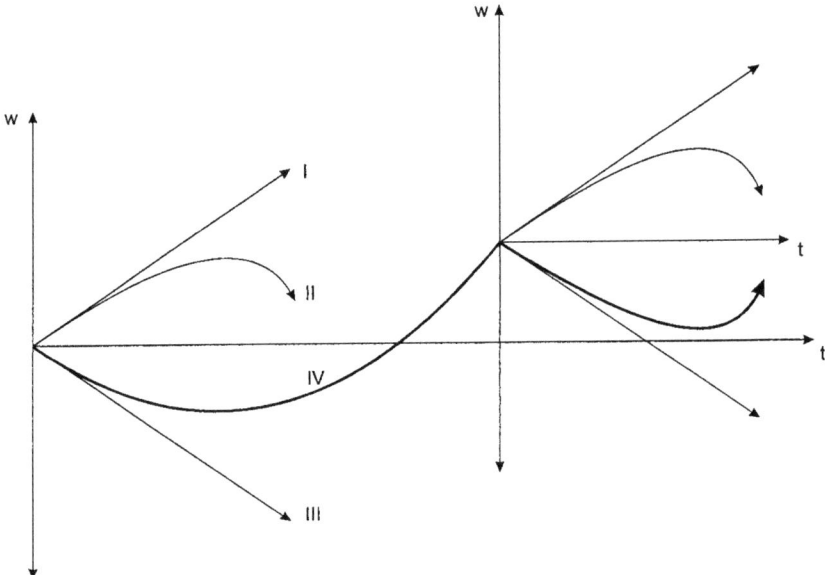

Abbildung 2: Double Ditch

Diese Darstellung vereinfacht sehr stark. Vor allem bildet sie nicht ab, dass in den 90er Jahren im Transformationsprozess die spätere EU-Mitgliedschaft bereits antizipiert wurde. Aber hier geht es erst einmal nur darum, strukturelle Gemeinsamkeiten in den Verläufen der komplexen Transformations- und Modernisierungsprozesse zu erfassen. Die Darstellung macht die Struktur des Problems explizit, präjudiziert nichts und lässt sich empirisch anreichern. Sie lenkt die Aufmerksamkeit vor allem auf die spezifische Konstellation, die sich aus der Koppelung der beiden Prozesse ergibt: Aus der modifizierten Wiederholung des Verlaufsmusters ergibt sich eine abermalige Differenzierung von Modernisierungsschicksalen, und die abermalige Zumutung von Interessenaufschüben. Als spezifisches Problem könnte sich dabei herausstellen, dass sowohl die kollektiven Motivationslagen als auch die institutionellen Rahmenbedingungen am Beginn der Transformation und im Zuge der Osterweiterung deutlich unterschiedlich sind.

3.1.6 Double Ditch

Der Begriff „Double Ditch" bezeichnet die folgende Sequenz: Nach einem Abschwung und einer längeren Phase der Depression setzt eine Erholung (des Wirtschaftswachstums, der Konjunktur, der Aktienkurse) ein, bricht aber wieder ab und es droht eine neue Abwärtsbewegung. Das generelle Problem solcher Konstellationen besteht in der Wiederholung des Musters: Die Ressourcen, die für die Überwindung des zweiten Abschwunges erforderlich wären, haben sich im ersten schon weitgehend verbraucht. Die Sequenz von Transformation und EU-Beitritt der Länder Mittel- und Osteuropas entspricht einem Double Ditch; genauer: Es ist hoch wahrscheinlich, dass diese Sequenz von den Betroffenen im Sinne eines Double Ditch wahrgenommen wird. Ich gehe die Probleme, die sich daraus ergeben, anhand der Stichworte Motivation und Möglichkeiten kurz durch:

1. Die Motivation: Wenn Transformationsprozesse typischerweise durch ein „Tal der Tränen" (Dahrendorf) führen, dann hängt ihr Erfolg entscheidend davon ab, ob die betroffenen Bevölkerungen die dafür erforderliche Geduld aufbringen, ob sie also bereit sind, erst einmal in die gesellschaftliche Entwicklung zu investieren (in Form von individuellen Arbeitsanstrengungen und Interessenaufschub) und auf die Erträge der Transformation zu warten. Die Voraussetzungen dafür waren nach 1989 sehr gut. Dazu trugen bei: Der Stolz auf eine unblutige Revolution, ein neu erstarktes nationales Selbstbewusstsein, Freude und Genugtuung über andere, nicht materielle Möglichkeiten (Reisefreiheit), die über Jahrzehnte (unfreiwillig) erlernte Bescheidenheit, vielleicht auch gewisse recht hartnäckige Illusionen bezüglich der Wohlstandsverheißungen des Kapitalismus. Dazu kommt, dass die Perspektive auf den EU-Beitritt selbst ein Durchhaltemotiv in der Transformationsperiode war.

2. Die materiellen Möglichkeiten: Man muss nicht nur warten wollen, man muss auch warten können. Unter einem bestimmten (allerdings: welchem?) Versorgungsniveau werden die materiellen Probleme so drängend, dass Interessenaufschübe schlicht nicht möglich sind. Also war ein einigermaßen intaktes System sozialer Sicherheit, welches die Transformationsverlierer auffing, entscheidend für den Transformationserfolg. Um die systematische Bedeutung dieser Bedingung zu verstehen, ist es sinnvoll, sich von der – vor allem bei den politischen und ökonomischen Eliten der Neumitglieder – populären Vorstellung eines strikten Widerspruchs zwischen ökonomischer Transnationalisierung und nationaler Sozialpolitik zu lösen und sich das wechselseitige Bedingungsverhältnis zwischen beiden klar zu machen.

Es könnte sein, dass von solchen Voraussetzungen bezüglich der Neumitgliedschaft in der EU in nächster Zukunft nicht ohne weiteres ausgegangen werden kann. Zu dieser Vermutung gibt der Umstand Anlass, dass die Osterweiterung der EU in den Beitrittsländern nur auf bedingte Zustimmung (die noch dazu abnimmt) stößt. Das hat zahlreiche Gründe. Erstens fällt es schwer, wesentliche Teile der nationalen Souveränität, die man eben erst erlangt hat, an die EU-Ebene abzutreten (vgl. Pollack 2004). Weiter werden an den EU-Beitritt hohe Erwartungen geknüpft. In zahlreichen Fällen scheint die Mitgliedschaft als rasch wirkendes Prosperitätsprogramm ohne Souveränitätsverzicht missverstanden zu werden (vgl. Rothacher 2004: 26). Bezeichnend dafür sind die Hinweise des ehemaligen Beraters von Vaclav Havel, Jacques Rupnik, bei dem nie ganz klar wird, ob er solche Positionen vertritt oder sie referiert. „Als die Demokratie auf den Trümmern des Sowjetsystems errichtet wurde, ging das einher mit einer Rückkehr zur nationalen Souveränität. Die Vorstellung, einen Teil dieser gerade errungenen Souveränität bald wieder an eine ferne Institution zu übertragen, die gern bereit ist, ihre Normen zu exportieren, deren demokratische Transparenz jedoch nicht immer offensichtlich ist, wird vor diesem Hintergrund als problematisch empfunden." (Rupnik 2004: 21) Solche Kritik am Demokratiedefizit der EU ist paradox, weil gerade mehr Demokratie auf EU-Ebene zwingend zu Lasten nationaler Souveränitäten geht. Wie groß diese Probleme tatsächlich sind, erkennt man an den Schwierigkeiten, welche die neuen Mitglieder mit der Mehrheitsregel im EU-Verfassungsentwurf haben. Im Übrigen hat sich das Motiv „Erlangung von Europareife" schon im Vorfeld des EU-Beitritts weitgehend verbraucht. Und schließlich lässt sich – anders als zum Zeitpunkt der gewaltlosen Revolution 1989 – vergleichsweise klar vorhersehen, wer Gewinner und wer Verlierer der EU-Beitritte sein wird.

Wie sieht die Verteilung von Gewinnern und Verlierern aus? Dabei muss erst einmal zwischen den alten und den neuen Mitgliedsländern unterschieden werden.

3.1.7 Gewinner und Verlierer in den Altländern

In den alten Mitgliedsländern betreffen die öffentlich vorgetragenen Sorgen um die negativen Folgen der Osterweiterung vor allem die Arbeitsmärkte. Arbeitsmarktchancen in den alten Mitgliedsländern können in zweierlei Weise von der EU-Erweiterung tangiert werden: durch den Zuzug von zusätzlichen Arbeitskräften aus den Neumitgliedern und durch die Abwanderung von Investitionen und Arbeitsplätzen in die neuen Mitgliedsländer. Beide Vorgänge gibt es und wird es weiter geben, beide werden in ihrer Problematik allerdings überschätzt. Der Zuzug von Arbeitskräften wird einerseits durch die aufgeschobene Freizügigkeitsregelung begrenzt, andererseits hat er bereits längst stattgefunden. Soweit es sich dabei um illegale Arbeitskräfte handelt, werden deren Arbeitsmarktchancen im Westen durch die EU-Erweiterung eher verschlechtert: Abbau ihrer Illegalität macht sie weniger leicht ausbeutbar und damit teurer. Schon jetzt beobachten wir die Substitution illegaler Arbeitskräfte aus den neuen Mitgliedsländern durch Illegale aus der weiteren Peripherie (Ukraine etc.). Die Abwanderung von Arbeitsplätzen wird mit dem Verweis auf immense Kostenunterschiede in den alten und den neuen Mitgliedsländern begründet. Diese Kostenunterschiede erweisen sich aber bei näherer Betrachtung als nicht so immens. Erstens sind für Investitionsentscheidungen nicht die Kosten, sondern die Kosten-Produktivitätsrelationen entscheidend. Die Erwerbstätigenproduktivität in den neuen Mitgliedern liegt noch deutlich unter den Werten Deutschlands (alte Bundesländer/neue Bundesländer/neue Mitglieder der EU = 100/80/60). Zweitens werden gerade in Betrieben, die aus ausländischen Direktinvestitionen entstanden sind, höhere als die ortsüblichen Löhne gezahlt. Und drittens ist – anders als in Deutschland und Österreich – in den neuen Mitgliedsländern eine dynamische Lohnentwicklung in Gang, welche die Lohnkostenvorteile dieser Länder mit jedem Jahr verringert. Es wird mittelfristig eher das Problem der Neumitglieder sein, zum einen ihre Produktivitätsentwicklung der Kostenentwicklung anzupassen, und zum anderen spezifische ökonomische Profile zu entwickeln, die es ihnen ermöglichen, EU-weit Komplementaritätsbeziehungen einzugehen. Das entscheidende Problem ist also die Überwindung der Gleichartigkeit.

Deutliche Kostenvorteile haben die neuen Mitgliedsländer allerdings bei Steuern und Abgaben. Aber es fragt sich auch hier, ob diese Vorteile nachhaltig sind. Dafür gibt es mehrere Gründe: Zum einen könnten sich die drohenden Defizite bei der Entwicklung der Infrastruktur und bei der Entwicklung leistungsfähiger Systeme sozialer Sicherung mittelfristig als erhebliche Standortnachteile herausstellen. Und zum anderen ist es keineswegs sicher, ob sich die Niedrigsteuerstrategie durchhalten lässt, die im Ergebnis das Verschleppen des Problems der Gleichartigkeit bedeutet. Schon jetzt formiert sich in den Nettozahlerländern der EU Widerstand dagegen, durch Transfers in die neuen Nettoempfängerländer deren Niedrigsteuerpolitik zu finanzieren und damit die Standortkonkurrenz anzuheizen. Dazu kommt, dass im Zuge der Vorbereitungen des Beitritts zum EURO den Neumitgliedern der Ausweg über höhere Staatsverschuldung versperrt wird. Unternehmerische Standortentscheidungen bedeuten langfristige Festlegungen, mit komplexen ökonomischen, politischen und sozialen Erfolgsvoraussetzungen. „Einfache kurzfristige Kosten- und Steuervergleiche sind vollkommen unzureichend." (Fuhrmann 2004: 4) Tatsächlich nimmt die Zahl der Rückverlagerungen von Produktionen aus dem Ausland – Unternehmen, die von der deutschen Standort-Krisenrhetorik in die Irre geführt wurden – zu. „Das Verhältnis von Rückverlagerungen zu Outsourcing-Aktivitäten hat sich seit 1997 kontinuierlich von 1:6,5 auf 1:3 im Jahr 2001 verschoben. In der Automobilzulieferindustrie kommt auf zwei verlagernde Firmen schon eine, welche die Produktion aus dem Ausland wieder zurückholt." (Bechert, Celarius 2004: 9)

3.1.8 Gewinner und Verlierer in den Neuländern

Wie sieht die Verteilung der Gewinner und Verlierer in den Neumitgliedsländern aus? Seit ihrem Aufbruch aus den relativ egalitären aber nicht sehr effizienten Planwirtschaften haben alle mittel- und osteuropäischen Reformländer einen erheblichen Zuwachs an Einkommensungleichheit verkraften müssen. Die anhand des Gini-Koeffizienten dargestellte Ungleichheit ist seit 1989 in allen Transformationsländern, die zum 1. 4. 2004 Mitglieder der EU geworden sind, gestiegen (vgl. Manning 2004: 218). Dabei handelt es sich freilich um keine Sonderentwicklung, sondern um die Angleichung an westliche Standards. Dem World Development Report 2003 der Weltbank ist zu entnehmen, dass die Verteilungsungleichheit in Polen (Gini 31,6), Tschechien (25,4), Slowenien (28,4) annähernd die selben Werte hat wie in Frankreich (32,7), Deutschland (30,0), Österreich (31,0). In der Slowakei ist die gemessene Ungleichheit deutlich geringer (Gini 19,5). Diese Werte deuten insgesamt auf eine unauffällige Verteilungssituation in den neuen Mitgliedsländern. Aber das stimmt nicht ganz. Denn trotz der eher durchschnittlichen Ungleichverteilung der Einkommen gibt es in den neuen Mitgliedsländern erhebliche Probleme.

Für die soziale Integration einer Gesellschaft ist weniger das absolute Ausmaß an Ungleichheit entscheidend als die Entwicklung der Ungleichheit. Eine Gesellschaft, die den Umgang mit erheblicher Ungleichheit nicht gewohnt ist, gerät durch rasche Zunahme von Ungleichheit ganz anders unter Stress als eine Gesellschaft, die sich mit erheblicher Ungleichheit eingerichtet und abgefunden hat. Ohne Zweifel trifft dies für die Neumitglieder zu. Sie starteten 1989 mit einer relativ egalitären Verteilung. Die Ungleichheitserfahrungen sind also recht neu. Und dazu kommt noch: Es gibt gute Gründe für die Annahme, dass die Ungleichheit weiter zunehmen wird. Unter welchen Voraussetzungen kann man sich mit Ungleichheit mehr oder weniger leicht abfinden? Dies hängt vor allem von zwei Bedingungen ab.

Zum einen: Ungleichheit und Armut in einer Gesellschaft ist keineswegs dasselbe. Ungleichheit ist umso unproblematischer, je weniger sie unter ein bestimmtes Maß an Armut führt. Daher sind institutionelle Vorkehrungen wichtig, mit denen die Gesellschaft nach unten hin gegen Armut abgedichtet wird;

insbesondere der Sozialstaat. Der Sozialstaat ist primär nicht dazu da Gleichheit herzustellen, sondern um Ungleichheit erträglich zu machen und ihre sozialen Folgen zu absorbieren. Zum anderen: Ungleichheit wird eher akzeptiert werden, wenn die Ungleichheitslagen überwiegend transitorisch sind. Aus individueller Perspektive heißt das: Wenn man eine realistische Chance hat und sieht, einer schlechten Einkommenssituation wieder zu entkommen. Ich konzentriere mich im Folgenden auf diesen Aspekt. Er ist entscheidend.

Im Zuge der Osterweiterung werden sich in den neuen Mitgliedsländern Disparitäten deutlich verstärken: Die Städte – und ganz besonders die jeweiligen Hauptstadtregionen – gewinnen gegenüber den ländlichen Regionen. Die westlichen Gebiete gewinnen gegenüber dem Osten. Unternehmen und Beschäftigte im Dienstleistungssektor gewinnen gegenüber der traditionellen Industrie und erst recht gegenüber der Landwirtschaft.

Das Besondere an der Verteilungssituation in den neuen Mitgliedsländern ist nicht das absolute Ausmaß der regionalen Unterschiede in der EU. An der Spitze regionaler Ungleichheiten (gemessen auf der Basis von NUTS 2-Regionen) steht Großbritannien, gefolgt von Belgien und – seit der Wiedervereinigung – Deutschland (vgl. Mau 2004: 43). Das Problem, vor dem die Neumitglieder der EU stehen, besteht wiederum darin, dass die Regionalisierung der Ungleichheit neu ist und rasch zunimmt. In allen Beitrittsländern stellen die Hauptstädte (und, abgeschwächt, die anderen großen Städte) kleine, dynamische Prosperitätszonen dar. Einige davon (Prag, Budapest, Warschau, Bratislava) sind mittlerweile weit über dem EU (15)-Durchschnitt. Aber ausgehend von diesen Prosperitätszonen entwickelt sich keine flächendeckende Wirtschaftsdynamik. Agrarische Gebiete und insbesondere die Randgebiete im Osten fallen immer weiter zurück. Dazu kommt, dass die östlichen Randgebiete die sozialen Lasten der EU-Außengrenze zu tragen haben: Durch die Verschärfung der Grenzregime an den neuen EU-Außengrenzen werden die traditionellen Wirtschaftsbeziehungen samt ihrer kleinräumigen, grenzüberschreitenden Austauschprozesse mit den östlichen Nachbarn der Neumitglieder erschwert.

Schon jetzt ist das BIP pro Kopf in den reichsten Regionen der Neumitgliedsländer drei- bis fünfmal so hoch wie in den ärmsten (3:1 für Tschechien, Ungarn; 5:1 für Polen, Slowakei). Solche Disparitäten haben eine Tendenz zur Selbstverstärkung. Es können sich in den zurück bleibenden Regionen keine Unternehmensnetzwerke entwickeln, und die qualifizierteren, jüngeren, aktiveren Arbeitskräfte ziehen fort. Die regionalen Ungleichheiten werden also zunehmen. Nicht das Wohlstandsgefälle zwischen den alten und den neuen Mitgliedsländern sondern das innerhalb der neuen Länder stellt darum für die absehbare Zukunft das Hauptproblem dar. Diese Entwicklung fügt sich einem allgemeineren Trend der Regionalisierung sozialer Ungleichheit in der gesamten

EU seit der Mitte der 80er Jahre ein (vgl. Mau 2004: 44; Heidenreich 2003). Man kann an diversen Beispielen innerhalb der Alt-EU lernen, dass territorial gebundene und sich verfestigende Ungleichheit eine Quelle von Dauerproblemen werden kann, aber nicht muss. Ausschlag gebend dafür ist die Relation zwischen regional gebundener Ungleichheit, transregionaler Umverteilungspolitik und Umverteilungsbereitschaft.

Regional verfestigte Ungleichheit per se ist keine Quelle für Probleme der sozialen Integration, solange es keine Umverteilungsforderungen und keine institutionalisierte transregionale Umverteilung gibt. In Großbritannien gibt es zwar große regionale Ungleichheit, aber kaum transregionale Umverteilung. Erst aus dem Zusammenwirken von regional verfestigter Ungleichheit und institutionalisierter transregionaler Umverteilung können ernsthafte Legitimationsprobleme entstehen, aus denen sich politische Bewegungen in Richtung territorialer Desintegration ergeben. In der Tat spricht das Beispiel Belgien für diese Vermutung. Hier gibt es große Unterschiede und eine – vor allem von Vertretern des wohlhabenden flämischen Teils immer wieder politische initiierte – Dauerdebatte über die nationale Einheit als Rahmen transregionaler Umverteilung. In stark abgeschwächter Form findet man dasselbe Muster in der Diskussion um die Reform des Länderfinanzausgleichs zwischen den südlichen Bundesländern einerseits und den östlichen und nördlichen andererseits. Der Fall Frankreich zeigt, dass große regional gebundene Ungleichheit und entsprechende Umverteilungspolitik die nationale Einheit als Referenzrahmen für Umverteilung durch entsprechende transregionale Umverteilungsbereitschaft entproblematisiert werden kann. Die Bedeutung der Relation von transregionaler Umverteilungspolitik und Umverteilungsbereitschaft sieht man auch am Beispiel Italien, in diesem Fall aber mit umgekehrtem Vorzeichen: Trotz statistisch unauffälliger regionaler Verteilungsunterschiede (vgl. Mau 2004: 43) gibt es in Italien starken politischen Widerstand gegen territoriale Umverteilung.

3.1.9 Aufholende Nachzügler?

Nun könnte es allerdings sein, dass sich diese Ungleichheiten im Zuge des allgemeinen Aufschwungs, den die Neumitglieder durch ihren Beitritt zur EU nehmen werden, abbauen oder wenigstens sozial entdramatisieren. Werden die Nachzügler gegenüber dem wohlhabenden Kern der EU aufholen? Man sollte zurückhaltend sein, die Lösung aller sozialen Probleme von einer EU-getriebenen Prosperität zu erwarten. Um die mittelfristigen Entwicklungsperspektiven der neuen Mitglieder einzuschätzen, ist ein Blick auf frühere Erweiterungen der EU hilfreich.

Griechenland trat der EU 1981 bei, Portugal und Spanien 1986. Wie haben sich diese Länder in Relation zur EU entwickelt? Alle drei Länder starteten auf einem Niveau von 60% bis 75% des EU-durchschnittlichen BIP pro Kopf (in Kaufkraftparitäten). In allen vier Ländern blieb der Abstand erhalten. Sie entwickeln sich parallel zum EU-Durchschnitt, holen aber nicht auf. Daran änderten auch die immensen EU-Förderungen nichts. Irland ist ein Sonderfall. Irland trat der EU 1973 (gemeinsam mit Großbritannien und Dänemark) bei. Die ersten 16 Jahre seiner Mitgliedschaft bot sich das selbe Bild. Erst dann kam es zu einem bemerkenswerten Aufholprozess, der Irland heute zum zweitreichsten Land der EU gemacht hat. Aber Irland verfolgt eine Nischenstrategie (vgl. Delhey 2002), die nur von einzelnen kleinen Ländern kopierbar, allgemein angewandt aber selbstzerstörerisch ist: Praktizieren alle Mitgliedsländer eine Politik der niedrigen Steuern und Arbeitskosten, werden Wettbewerbsvorteile untereinander neutralisiert und noch dazu politische Handlungsspielräume beschädigt.

Die Ausgangslage der Neumitglieder 2004/07 ist ungünstiger. Die Differenz zwischen dem EU-(15)-durchschnittlichen BIP pro Kopf und den entsprechenden Durchschnitten der einzelnen Länder ist größer. Dies deutet auf eine schwer überbrückbare Diskrepanz zwischen Finanzierungsmöglichkeiten und Finanzierungserfordernissen hin, und zwar aus zwei Gründen.

Der erste Grund liegt auf der Seite der Finanzierungsmöglichkeiten. Die Verteilungsspielräume sind insgesamt geschrumpft. Der finanzielle Handlungsspielraum der Zahlerländer ist enger als Mitte der 80er Jahre. Dies hat Gründe, die teils auf der nationalen, teils auf der EU-Ebene liegen. Auf der nationalen Ebene wird der politische Handlungsspielraum vor allem durch die andauernde hohe Arbeitslosigkeit beeinträchtigt. Hohe Arbeitslosigkeit aktiviert die strukturelle Rückbindung des politischen Systems an die Ökonomie, da sie politische Akteure einer „Beschäftigungserpressung" (Nissen 1993) aussetzt: Je höher der Problemdruck der Arbeitslosigkeit auf die Politik, um so stärker die Verhandlungsposition jener ökonomischen Akteure, welche die Erfüllung ihrer Interessen als funktionsrelevante Voraussetzung für die Schaffung oder Erhaltung von Arbeitsplätzen einklagen können. Auf der EU-Ebene begrenzen die Maastrichtkriterien ebenso wie die Restriktionen, die sich aus der europaeinheitlichen Nominalzinspolitik ergeben, den finanziellen Handlungsspielraum der Mitgliedsländer. Allerdings könnte es sein, dass diese einnahmenseitigen Restriktionen durch gestiegene transnationale Umverteilungsbereitschaft kompensiert werden; dass man also bereit ist, zu Lasten anderer Ausgabenzwecke mehr für transnationale Transfers innerhalb der EU anzugeben. Für eine solche transnationale Umverteilungsbereitschaft gibt es aber kaum empirische Anhaltspunkte (vgl. Mau 2003). Im Gegenteil: Je mehr in den Bevölkerungen die Aufmerksamkeit für die Kosten der EU wächst, umso prekärer wird ihre Identifikation mit der EU (vgl. Nissen 2004: 24ff.).

Der zweite Grund besteht darin, dass zumindest einige der Neumitglieder unter einer antiquierten Wirtschaftsstruktur mit einem Beschäftigungsanteil der Landwirtschaft von bis zu 20% leiden. Finanzierungsprobleme entstehen daraus entweder durch deren Subventionierung oder durch das Auffangen der sozialen Kosten eines radikalen Strukturwandels. Selbst wenn ein wesentlicher Teil der damit entstehenden sozialen Kosten privatisiert wird, entstehen noch Finanzierungsprobleme, welche die schwach entwickelte transnationale Umverteilungsbereitschaft innerhalb der EU zu überfordern drohen. Erstens ist die Zahl der Empfängerländer größer als bei jeder früheren Erweiterungsrunde. Zweitens kommt hinzu, dass die Beitritte im Rahmen der Erweiterungsrunde 2004 überwiegend utilitaristisch motiviert waren. Die Neumitglieder verbinden mit ihrem Beitritt also erhebliche Umverteilungserwartungen. Und drittens wirkt erschwerend, dass Vertrauensbeziehungen zwischen den Altmitgliedsländern und den wichtigsten Neumitgliedern bisher eher schwach entwickelt sind (vgl. Delhey 2004: 37f.). Dies führt zum letzten Punkt dieses Kapitels, zu einem Dilemma, vor dem die Neumitglieder bald stehen werden.

3.1.10 Schluss

Die EU hat sich bisher nach dem Muster konzentrischer Kreise entwickelt. An den wohlhabenden Kern wurden Peripherien angegliedert, die als Stabilitäts- und Sicherheitspuffer fungierten. Dieser Prozess gewann seine bisherige Dynamik daraus, dass die jeweilige neu angegliederte Peripherie ihrerseits ein starkes Interesse an der Entwicklung einer sie nach außen abschirmenden Stabilitäts- und Sicherheitszone ausbildete. Darum wurden neue EU-Mitglieder mit EU-Außengrenzen stets rasch zu Advokaten der Unterstützungs- und Beitrittsinteressen ihrer jeweiligen Nachbarn. Im Rahmen dieser Logik sind die Beitritte von Bulgarien und Rumänien zu sehen; und ebenso müssten demnächst die Beitrittsinteressen der Ukraine, vielleicht sogar von Belarus auf die Tagesordnung kommen. Der komplizierte Sonderfall der Türkei ist zusätzlich zu bedenken. Das Dilemma, vor dem die Neumitglieder der EU bald stehen werden, lautet: Während die Sicherheitsinteressen der gegenwärtigen Neumitglieder auf eine eher bald erfolgende weitere Runde der Osterweiterung der EU hinauslaufen, stehen ihre Unterstützungsinteressen einer solchen Erweiterung klar entgegen. Denn durch den Beitritt ärmerer Neumitglieder würde den gegenwärtigen Neumitgliedern genau dasselbe widerfahren, wie nach 2004 den Empfängerländern in der EU 15: Die rechnerische Absenkung des EU-Durchschnitts macht sie relativ reicher und bringt sie um EU-Transfers. Die Frage ist also, wie sich die neuen Mitgliedsländer in dem Dilemma zwischen Sicherheitsinteressen und Transferinteressen positionieren.

Man sieht: Die Erweiterung der europäischen Union hat ökonomische Folgen, welche auf das politische Projekt zurück wirken. Sie hat viele Gewinner, denn seine unmittelbaren Vorteile ebenso wie sein Zukunftspotential stehen außer Zweifel. Aber sie hat nicht nur Gewinner. Dazu kommt, dass es starke Anzeichen dafür gibt, dass sich das Muster der Verteilung von Gewinnern und Verlierern territorial verfestigt (vgl. Heidenreich 2003; Mau 2004). Die Differenz zwischen armen und reichen Mitgliedsländern wird zunehmend überlagert von Differenzen zwischen armen und reicheren Regionen in den Mitgliedsländern. Dies ist doppelt brisant, weil in einer solchen Entwicklung die Mitgliedsländer als Rahmen nationaler Umverteilung geschwächt werden, ohne dass die EU als Rahmen transnationaler Umverteilung an Stärke gewinnt.

Damit wird jenes Mindestmaß an sozialer Kohäsion in Frage gestellt, welches die EU als Grundlage ihrer politischen Handlungsfähigkeit bedarf. Dies wird im übernächsten Kapitel, bei der Untersuchung der sozialen Grundlagen der Leistungsfähigkeit des Mehrheitsprinzips, klar werden.

3.2 Illegalität und Freizügigkeit. Paradoxe Politik in der Osterweiterung

3.2.1 Einleitung

Im Zentrum transnationaler politisch-ökonomischer Integrationsprozesse stehen Reallokationsprozesse der Produktionsfaktoren Arbeit und Kapital. Man kann die Auflösung der Kollision von territorialer und funktionaler Differenzierung, von Staatsgrenzen und ökonomischen Funktionszusammenhängen, auf die Konsequenz zuspitzen, dass ökonomischen Reallokationsprozessen dadurch zusätzlicher Raum geboten wird. Mit Blick auf die abnehmende Bedeutung segmentärer Differenzierung formuliert: Transnationalisierung ermöglicht grenzüberschreitende Bewegungen von Arbeit und Kapital mit dem Zweck, ihnen Möglichkeiten zu eröffnen, produktivere Verbindungen als bisher einzugehen. Das daraus ableitbare Prosperitätsargument wird in diversen ökonomischen und politischen Versuchen zur Begründung der Wünschbarkeit der Europäischen Integration und Erweiterung verwendet. Das Argument erscheint theoretisch so gut abgesichert und historisch erfahrungsgesättigt, dass seine Protagonisten nur mit Unverständnis zur Kenntnis nehmen können, dass es nicht allgemein akzeptiert wird. Das gilt auch für den Prozess der Erweiterung der Europäischen Union: Die beinahe vorbehaltlose Befürwortung der Osterweiterung durch wirtschaftliche und politische Eliten steht in bemerkenswertem Kontrast zu den Bedenken weiter Teile der involvierten Bevölkerungen. Das Misstrauen gegenüber dem Argument der Vorteilhaftigkeit der Osterweiterung der EU artikuliert sich in vielfältiger Weise: In den Umfragen des Eurobarometer (vgl. Nissen 2003), im Zuspruch zu europaskeptischen, rechtspopulistischen Parteien. Die Frage ist: Warum?

In kapitalistischen Marktwirtschaften findet die überwiegende Zahl der Leute über den Arbeitsmarkt Anschluss an die Ökonomie. Daraus folgt: Wenn sich die Erweiterung der EU für alle materiell lohnen soll, dann müssen sich die wohlstandssteigernden Effekte dieses politischen Integrationsprozesses den Leuten als Verbesserungen ihrer Chancen auf dem Arbeitsmarkt mitteilen. Man zielt also in der Tat auf den Kern der Probleme der Integration und Erweiterung der EU, wenn man danach fragt, welche Folgen für den Arbeitsmarkt daraus von jenen erwartet werden können, welche in diesen Prozess als Arbeitskräfte ökonomisch involviert sind und ihn zugleich als Wähler politisch tragen sollen.

3.2.2 Gewinner und Verlierer

Versteht man transnationale politische Integrationsprozesse als Erweiterungen der Möglichkeiten für ökonomische Reallokationsprozesse, so kann man damit dreierlei in den Blick bekommen: Zum einen betreffen sie zentral den Arbeitsmarkt, tangieren somit zentrale materielle Interessen großer Bevölkerungsmehrheiten. Weiter führen sie zu territorialen und qualifikatorischen Änderungen des Einsatzes von Arbeitskraft, verursachen also Gewinne und Verluste, schaffen Gewinner und Verlierer. Und schließlich: Sie benötigen Zeit.

Die im vorigen Kapitel eingeführte Systematik typischer Modernisierungskarrieren (vgl. Abb. 1, S. 35) lässt sich also auf Arbeitsmarktchancen so anwenden: Es geht um die Chancen der Verwertung der eigenen Arbeitskraft, differenziert nach Gewinnern und Verlierern, und zwar kurzfristig und langfristig.

I. Kurz- und langfristig gewinnen jene Arbeitskräfte, die in der Lage sind, sich auf die neuen Gegebenheiten auf transnational integrierten Arbeitsmärkten rasch und nachhaltig einzustellen.

II. Kurzfristig gewinnen, aber langfristig verlieren jene Arbeitskräfte, die nur jene speziellen Chancen nützen können, die sich in (ungeregelten, unübersichtlichen) Übergangsphasen eröffnen.

III. Kurz- und langfristige Verlierer sind die Arbeitskräfte, deren Angebotsprofile sich nicht auf die neuen Gegebenheiten auf transnationalisierten Arbeitsmärkten einstellen lassen.

IV. Kurzfristig verlieren, langfristig aber gewinnen jene Arbeitskräfte, die sich nach einer Reorientierungsphase – unter Umständen mit staatlicher Hilfe – auf die neuen Arbeitsmarktchancen einstellen können.

Die generellen Wohlfahrtsgewinne von Integrationsprozessen im Auge, tendiert die Ökonomie dazu, das Problem unterschiedlicher Typen von Transformationskarrieren zu übersehen oder mit normativen wohlfahrtsökonomischen Argumenten zu überspielen. Die Politik neigt analog zu legitimatorischen Darstellungen der Osterweiterung als einem umfassenden Positivsummenspiel. Sie setzt genau damit das Erweiterungsprojekt populistischer Ausnutzung aus und lässt zu, dass aus Bedenken politische Blockaden werden.

3.2.3 Interessenverflechtungen

Da es hier um Ursachen von Widerstand gegen die EU-Erweiterung als Transnationalisierungsprozess geht, müssen die Überlegungen erst einmal bei den Verlierern dieses Prozesses ansetzen. Welche Verlierergruppen geraten zu welchen anderen Gruppen in ein transnationales Konkurrenz- und darum Konfliktverhältnis? Ich übergehe hier den wichtigen Aspekt, dass die transnationalen Konfliktbeziehungen über nationale Politikakteure vermittelt werden, dass den Verlierern auf nationaler Ebene Angebote gemacht werden, ihren Dissens politisch folgenreich zu artikulieren. Das ist die Klientel der Anti-EU Parteien (z. B. Lepper in Polen). Das Vetopotential dieser Gruppen hat sich mit dem Vollzug des Beitritts stark verringert. Es beschränkt sich auf EU-Entscheidungen, die unter Mitwirkung nationaler Elektorate (Referenda) getroffen werden. Noch dazu ist der Widerstand der Verlierer in den neuen Mitgliedsländern gegen die EU immer von der Ambivalenz geprägt, dass man zwar Nachteile abwehren, zugleich aber auf Vorteile (Direktzahlungen von der EU) hoffen muss. Die Verlierer in den ärmeren Ländern sind ‚verängstigte Nehmer' – von Geld und zum Teil auch von Arbeitsmarktchancen.

Die Verlierer in den reichen Ländern positionieren sich vor allem gegen die Gewinner in den armen Ländern. Das Vetopotential dieser Verlierergruppe ist wirkungsvoller, da sie sich in der strategisch vorteilhaften Lage befinden, mit transnationalen Kooperationseinschränkungen drohen zu können. Das gilt jedenfalls dann, wenn ihnen eine politische Plattform geboten wird, um ihre Interessen an Reduktionen grenzüberschreitender Prozesse (Arbeitsmigration) und gegebenenfalls auch transnationaler Zahlungen innerhalb der EU politisch folgenreich zu artikulieren. Die Verlierer in den reichen Ländern sind in der Position ‚unwilliger Geber' – von Arbeitsmarktchancen und Geld.

Diese typischen Probleme transnationaler sozialer Kooperationsbeziehungen wiegen vor dem Hintergrund unterschiedlicher Beschäftigungskonstellationen politisch unterschiedlich schwer. Da sowohl in den Mitgliedstaaten der EU als auch in den Beitrittsländern die Arbeitslosigkeit hoch und ohne mittelfristige Abbauperspektive ist (vgl. Vobruba 2000; Bleses, Vetterlein 2002), stellt zusätzliche Arbeitslosigkeit, die der Osterweiterung ursächlich zugerechnet wird, ein sehr erhebliches politisches Problem dar. Es war bekannt: „Angesichts der hohen Arbeitslosenquoten in ganz Europa werden alle Anpassungsmaßnahmen, die zur Vernichtung von Arbeitsplätzen führen, politisch nur schwer durchzusetzen sein. Entstehen neue Arbeitsplätze im Gefolge des Strukturwandels in anderen Regionen und Sektoren als den bisherigen, könnte selbst eine Nettozunahme der Beschäftigung in den Augen der politischen Entscheidungsträger fragwürdig sein." (Europäische Kommission 1997: 116) Die Erträge der Osterweiterung stellen sich später und anderswo ein als die Kosten. Dies erklärt die politische Durchsetzbarkeit der Interessen an Übergangsfristen gegen die starken Interessen an sofortiger Arbeitnehmerfreizügigkeit in den Neumitgliedsländern und in den Arbeitgeberverbänden der Altmitgliedsländer.

Übergangsfristen für die Arbeitsnehmerfreizügigkeit zwischen den zehn neuen Mitgliedern und der EU 15 waren tatsächlich ein zentraler Verhandlungs- und Streitgegenstand in den Verhandlungen der Bedingungen der Osterweiterung der Europäischen Union (vgl. Kvist 2004). Ausgehend von Deutschland und Österreich, den beiden Hauptzielländern von Arbeitsmigration, entstand im Vorfeld der Osterweiterung ein Dominoeffekt: Je mehr Länder ankündigten, die Freizügigkeit für Arbeitnehmer aus den neuen Mitgliedsländern Mittelosteuropas erst einmal auszusetzen, um so mehr weitere Länder sahen sich genötigt, das selbe zu tun. In diesem Sinne der schwedische Ministerpräsident Göran Persson: „We would be naive if we didn't see the risks if we were to be the only country welcoming people from Eastern Europe to work for peanuts and giving them access to our social benefits." (Zit. nach Kvist 2004: 312)

Im Ergebnis schufen die Mitglieder der EU 15 für sich die Möglichkeit, die Einführung der Arbeitnehmerfreizügigkeit für Arbeitskräfte aus den neuen Mitgliedsländern (ausgenommen Zypern und Malta) um bis zu sieben Jahre aufzuschieben. Entsprechend der Regel 2+3+2 erfolgt eine erste Überprüfung der Notwendigkeit des Aufschubs nach zwei Jahren, dann haben die Altmitglieder die Wahl, entweder ihre nationalen Regelungen beizubehalten, oder die Freizügigkeit als Gemeinschaftsregel einzuführen, von der sie allerdings bei Nachweis unerwarteter Ungleichgewichte auf ihren Arbeitsmärkten wieder zurücktreten können. Nach weiteren drei Jahren müssen sie die Gemeinschaftsregel einführen, haben aber noch einmal für zwei Jahre die Möglichkeit, diese bei Auftreten ernsthafter Arbeitsmarktprobleme auszusetzen (vgl. Kvist 2004: 309). Bis zum

1. Mai 2011 kann also die Arbeitnehmerfreizügigkeit zwischen neuen und alten Mitgliedsländern de facto bilateral ausgehandelt und höchst unterschiedlich geregelt werden.[9]

Mit dem Aufschub der Arbeitnehmerfreizügigkeit wird dem Widerstand der organisierten Interessen jener Arbeitskräfte Rechnung getragen, welche aus der Entwicklung transnationaler Arbeitsmärkte im Zuge der Osterweiterung für sich Nachteile erwarten. Zugleich richten sich diese Regelungen gegen die Interessen solcher Gruppen, die aus der Transnationalisierung der Arbeitsmärkte unmittelbar Vorteile gezogen hätten. In solchen politischen Widerständen gegen Transnationalisierungsprozesse wie etwa der Osterweiterung der EU manifestieren sich also Interessenverflechtungen zwischen Gewinnern und Verlierern in vormals national separierten sozialen Räumen. Diese beiden Gruppen stehen darum in einem virtuellen Interessengegensatz, weil der Schutz von Arbeitnehmern im reichen Zentrum auf Kosten der Arbeitsmarktchancen der verhinderten Gewinner in den neuen Mitgliedsländern geht. Dieser Interessengegensatz kann auf zweierlei Weise zu einer konkreten Konkurrenzsituation werden.

Zum einen ist denkbar, dass die Beschränkung transnationaler Mobilität von Arbeitskräften erhöhte Kapitalmobilität bewirkt: Kommt die Arbeitskraft nicht zum Kapital, so kommt das Kapital zur Arbeitskraft. Tritt dieser Effekt ein, bedeutet dies statt Ost-West-Mobilität von Arbeitskräften West-Ost-Mobilität von Investitionen. Die Konkurrenz zwischen Arbeitskräften in den alten und den neuen Mitgliedsländern, die daraus resultiert, wird als Standortkonkurrenz zwischen den Regionen hier und dort ausgetragen. Man sieht: Die konsequente Abschirmung der Arbeitskräfte im reichen Zentrum würde neben Beschränkungen der Arbeitskräftemobilität von Ost nach West auch Beschränkungen der Kapitalmobilität von West nach Ost erfordern. Eine ebenso logische wie absurde Konsequenz. Beschränkungen der Arbeitnehmerfreizügigkeit sind aber nur dann ein Grund für gesteigerte Kapitalmobilität, wenn sie so langfristig erfolgen, dass beschäftigungswirksame Investitionen in den neuen Mitgliedsländern tatsächlich als lohnende Alternative erscheinen. Ob der Aufschub der Einführung der Arbeitnehmerfreizügigkeit um maximal sieben Jahre diesen Effekt tatsächlich zeitigt, ist freilich fraglich. Denn beschäftigungswirksame Investitionen sind Festlegungen in weiten Zeithorizonten.

Zum anderen kann eine Konkurrenzsituation zwischen den Arbeitskräften in den alten und in den neuen Mitgliedsländern in dem Maße manifest werden, wie sich die Beschränkungen der Arbeitnehmerfreizügigkeit nicht durchsetzen lassen; in dem Maße also, wie es den verhinderten Gewinnern in den Neumitgliedsländern gelingt, die Arbeitsmarktchancen, die sich ihnen in den Altmit-

---

[9] Eine ausgezeichnete Übersicht dazu findet man bei Kvist 2004: 310.

gliedsländern bieten, dort informell zu realisieren. Im Folgenden konzentriere ich mich auf diesen Aspekt. Es geht also um die Analyse der Entwicklung der Anbieterkonkurrenz auf dem Arbeitsmarkt im reichen Kern. Insbesondere geht es um den Aufschub der Arbeitnehmerfreizügigkeit und die Frage, welche Folgen dies für die Arbeitsmarktchancen unterschiedlicher Gruppen von Arbeitskräften hat.

3.2.4 Migrationsdruck

Die Schätzungen der Arbeitskräftemigration in Folge der Osterweiterung mit Arbeitnehmerfreizügigkeit schwanken sehr stark. Den meisten ist jedoch gemeinsam, dass sie die Folgen der Migration auf Deutschland und Österreich, die unmittelbaren Nachbarn der Neumitglieder, konzentriert sehen. In einigen Schätzungen wird weiter nach Branchen differenziert und es werden spezifisch „mobilitätsempfindliche" (Franzmeyer, Brücker 1997) Arbeitsmarktsektoren identifiziert. Es handelt sich dabei um solche Sektoren, in denen die Qualifikationsanforderungen den Möglichkeiten der Arbeitsmigranten entsprechen, in denen also Arbeitsmigration tatsächlich in erheblichem Umfang denkbar ist. In der Praxis ist das vor allem der Bausektor.

Die Voraussagen zur Arbeitsmigration beruhen entweder auf Befragungen oder auf ökonometrischen Schätzungen. Fassmann und Hintermann (1997) kommen auf ein tatsächliches Migrationspotential aus Tschechien, der Slowakei, Polen und Ungarn von ungefähr 740.000 Arbeitskräften. Franzmeyer und Brücker 1997 kommen auf 340.000 bis 680.000 aus diesen Ländern. Sinn et al. (2001) sehen in den nächsten 15 Jahren 4 bis 5 Millionen Nettozuwanderung nach Deutschland. Einige Untersuchungen kommen zu recht klaren Ergebnissen bezüglich der Verlierer im Zuge der Osterweiterung und der Einführung der Arbeitnehmerfreizügigkeit. Verlierer sind die niedrig qualifizierten inländischen Arbeitskräfte, vor allem in alten, absteigenden Branchen. Diesbezüglich decken sich die Prognosen mit Ergebnissen von Untersuchungen (vgl. Bolle 1993), die im Vorfeld des NAFTA gemacht wurden. Die unterschiedlichen Untersuchungen zu einem Gesamtbild zusammen zu fügen wird dadurch erschwert, dass sich ihre Prognosen auf unterschiedliche Zeithorizonte richten. Übereinstimmung herrscht aber, dass der Migrationsdruck und somit der Verdrängungsdruck lange – bis zu 30 Jahre – anhalten wird. Dies hat unmittelbar damit zu tun, dass für den Ausgleich der Wohlstandsgefälle zwischen den Alt- und den Neumitgliedern der Europäischen Union noch sehr erhebliche Zeiträume erforderlich sein werden. Unter der Voraussetzung von jährlich 2% BSP-Wachstum wird bis zum Jahr 2015 von den Beitrittsländern Mittelosteuropas einzig Slowenien das durchschnittliche Wohlstandsniveau der EU (15) erreicht haben (vgl. Vidovic 2002: 31).[10] In manchen Fällen scheint man allerdings dem Aufmerksamkeitseffekt klaren Vorzug vor dem Aufklärungseffekt zu geben: Man geht mit dramatischen Migrationsprognosen oder -szenarien an die Öffentlichkeit, um sie einige Zeit später ebenso dramatisch zu widerrufen.[11] Aber ob die einzelnen Ergebnisse den Regeln ihrer Teildisziplin entsprechend korrekt zustande gekommen sind, steht hier nicht zur Debatte. Insgesamt ergibt die große Bandbreite der Ergebnisse (vgl. Olsson 2002; Dietz 2004) einen Gemischtwarenladen, aus dem man sich je nach politischer Präferenz bedienen kann. Analog der losen Kopplung zwischen Globalisierungsempirie und Globalisierungspolitik (vgl. Seeleib-Kaiser 2002; Vobruba 2004) schafft die selektive politische Verarbeitung von Migrationsprognosen selbst migrationspolitische Realität. „In brief, we find that fears of welfare migration are largely unfounded, but that the EU 15 member states have acted as if migration would take place." (Kvist 2004: 303)

Ich werde mich nun weder auf die Frage einlassen, welche Migrationsprognose am realistischsten erscheint, noch untersuchen, wie sich solche Prognosen in Migrationspolitik umsetzen. Vielmehr werde ich auf die politischen Folgen eines Defizits eingehen, welches, so weit ich sehe, alle Migrationsprognosen gemeinsam haben. Sie verrechnen die ermittelten Potentiale an Arbeitsmigration nicht mit jener Arbeitsmigration, die tatsächlich bereits stattgefunden hat. Wird in die Analyse der Interessenpositionen mit einbezogen, dass durch illegale Arbeitsmigration die Transnationalisierung bestimmter Arbeitsmarktsegmente bereits stattgefunden hat, verändert sich die Analyse entscheidend. Dies in der Praxis der politischen Entscheidungen zu übersehen, macht den Kern der paradoxen Politik in der Osterweiterung aus.

3.2.5 Illegales Arbeitskraftangebot

Staatsgrenzen lassen sich nie ganz dicht machen. Das gilt insbesondere für Grenzen demokratischer Staaten, die zugleich erhebliche Wohlstandsgefälle (vgl. Vobruba 1997: 197ff.) markieren. Denn genau in diesem Fall gibt es (gewisse) Beschränkungen polizeilicher Grenzkontrolle und zugleich starke materielle Anreize, die Grenzen zu überschreiten.

---

[10] Allerdings werden bis 2015 einige Neumitglieder das Niveau des Bruttosozialprodukts pro Kopf der Altmitglieder Portugal und Griechenland erreicht oder übertroffen haben.
[11] Möglicherweise ist dies ein unausweichliches Schicksal von Instituten, die publizistische Daueraufmerksamkeit benötigen, weil sie unter permanentem Zwang stehen, öffentliche und private finanzielle Zuwendungen zu attrahieren.

Das Ausmaß illegal beschäftigter Arbeitskräfte aus den Nachbarländern ist sehr schwer einzuschätzen. Politikleitend scheint jedenfalls diese Auffassung zu sein: „Illegale Beschäftigung ausländischer Arbeitnehmer gibt es in nicht unerheblichem Umfang" (BMfAS 2000: 23, zit. nach Olsson 2002). Die Schätzungen sind extrem vage und reichen von 300.000 bis zu einer Million. Jedenfalls ist zu registrieren, dass illegale Beschäftigung aus den Beitrittsländern gut eingespielte Praxis war. Man kann also in einem gewissen Sinn sagen, dass die Osterweiterung der EU bezüglich des Arbeitsmarktes bereits stattgefunden hat. Allerdings hat dieser illegale Sektor des Arbeitsmarktes gewisse Besonderheiten. Ich gehe sie nach Angebot und Nachfrage kurz durch.

Welche besonderen Merkmale weist das Angebot an illegalen Arbeitskräften auf? Bei illegalen Arbeitskräften entfallen so gut wie alle Regulierungen des Arbeitsmarktes. Sie sind darum extrem billig. Das bezieht sich zum einen auf den Lohn. Löhne illegaler Bauarbeiter liegen bei EURO 2,50 bis 5.- (vgl. Olsson 2002: 46). Die rechtlose Stellung begünstigt noch dazu Lohnprellerei. Illegale Arbeitskräfte sind extrem flexibel einsetzbar und tolerieren überlange Arbeitszeiten, da sie am Arbeitsort so gut wie immer ohne Familie sind. Gleichwohl stellt für sie illegale Beschäftigung zu den gegebenen Bedingungen eine vorteilhafte und gesuchte Alternative zu Arbeit oder gar Arbeitslosigkeit im Herkunftsland dar. Denn das Risiko für die Illegalen scheint überschaubar zu sein (vgl. Kunze 2003). Dies hängt eng zusammen mit den Merkmalen jener Branchen, in denen die Vorteile der Illegalität voll zum tragen kommen: Es handelt sich um Unternehmen im Hochlohnsektor, die extrem knapp kalkulieren müssen. Und es handelt sich um Branchen, in denen die Risiken, illegale Arbeitskräfte zu beschäftigen, kontrollierbar sind. Das ist immer dann der Fall, wenn es vielfältige Sub-Unternehmensstrukturen gibt. Beide Merkmale treffen vor allem für die Bauwirtschaft zu. Tatsächlich gehen alle Schätzungen davon aus, dass der Anteil illegal beschäftigter Ausländer in der Baubranche relativ hoch ist.

Wenn zutrifft, dass die Osterweiterung des Arbeitsmarktes der EU in illegaler Form bereits zu einem erheblichen Teil stattgefunden hat, bedeutet das doch keineswegs, dass die reguläre Osterweiterung samt Arbeitnehmerfreizügigkeit folgenlos bleiben würde. Es bedeutet vielmehr, dass sich weniger die Angebotsmenge als die Angebotsstruktur auf dem Arbeitsmarkt verändern würde. Ich unterstelle den hypothetischen Fall einer Osterweiterung samt Arbeitnehmerfreizügigkeit, um die Wirkungen ihres Aussetzens deutlich zu machen. Durch die Einführung der Arbeitnehmerfreizügigkeit in der Folge der Osterweiterung wird legale Beschäftigung von Arbeitskräften aus den neuen Mitgliedsländern – also: Beschäftigung zu den gesetzlich vorgesehenen Bedingungen – möglich. Gemessen am status quo illegaler Beschäftigung wirkt die Arbeitnehmerfreizügigkeit wie ein umfassendes Regulierungsprogramm. Denn mit der Arbeitnehmerfreizügigkeit wird die Beschäftigung von Arbeitskräften aus den Beitrittsländern legal und unterliegt somit potentiell allen Regeln des Arbeits- und Sozialrechts der Bundesrepublik.[12] Diesem umfassenden Wandel auf der Angebotsseite des Arbeitsmarktes steht freilich eine unveränderte Nachfrage nach extrem preisgünstigen Arbeitskräften gegenüber.

Die Frage nach der Zukunft des Arbeitsmarktes nach der Osterweiterung ohne Beschränkung der Arbeitnehmerfreizügigkeit lautet also: Wie wird sich der Arbeitsmarkt angesichts persistenter Nachfrage nach Billigarbeitskräften bei gleichzeitiger Verteuerung der Arbeitskräfte aus den Neumitgliedern der EU entwickeln? Diese Fragestellung ergibt sich zwingend daraus, dass sich im illegalen Arbeitsmarktsegment ja spezifische Interessenlagen von Angebot und Nachfrage getroffen haben.

3.2.6 Reaktionen

Welche Reaktionen sind auf der Angebotsseite des Arbeitsmarktes zu erwarten? Die Arbeits- und Entlohnungsbedingungen für Arbeitskräfte aus den Neumitgliedsländern verbessern sich, aber ihre Beschäftigungschancen verschlechtern sich, da ihre Legalisierung zugleich Verteuerung bedeutet. Darauf sind die folgenden Reaktionen denkbar:

Erstens, die Arbeitsmigration unterbleibt, wenn die spezifischen Beschäftigungschancen verschwinden. Zweitens, bisher illegal Beschäftigte bieten nun ihre Arbeitskraft auf dem Schwarzarbeitssektor an. Die Arbeitskräfte aus den Neumitgliedsländern konkurrieren in diesem Fall mit inländischen Schwarzarbeitern. Damit geht vermutlich eine gewisse – aber nicht prohibitive – Verteuerung der Arbeitskraft einher. Drittens, die bisher illegal Beschäftigten bieten ihre Arbeitskraft für legale Beschäftigung an. Letzteres ist eher unwahrscheinlich, da dies die Arbeitskraft extrem verteuert. Welche Reaktionen auf der Nachfrageseite sind wahrscheinlich?

Die bisherige dauerhafte Verfügbarkeit von illegalen Arbeitskräften hat in einigen Wirtschaftssektoren die Ausbildung von Strukturen begünstigt, die ohne Illegale nicht (mehr) auskommen und daher auf die Unterbrechung des Nachschubs an illegalen Arbeitskräften sehr empfindlich reagieren müssen. Man kennt dies zum Beispiel von den Orangenplantagen in Kalifornien, von den Obst-, Gemüse- und Blumenproduzenten in Italien, Spanien und Portugal (vgl.

---

[12] Aus diesem Grund ist es abwegig, das Aufschieben der Arbeitnehmerfreizügigkeit damit zu begründen, dies sei eine Maßnahme zum Schutz der Arbeitsmigranten vor Ausbeutung. Das Gegenteil ist der Fall.

Baldwin-Edwards, Arango 1999) und aus der Berliner Bauwirtschaft. In der Folge der Osterweiterung sind somit die folgenden Reaktionen denkbar. Erstens, radikale Preissteigerungen durch gestiegene·Lohnkosten, was bei preiselastischer Nachfrage zu Unternehmenszusammenbrüchen führt. Zweitens, moderate Kostensteigerungen durch Umwandlung der Illegalen in Schwarzarbeiter. Drittens, das Erschließen neuer Reservoirs an illegalen Arbeitskräften, steigende Nachfrage nach neuen Illegalen aus Ländern jenseits der Neumitglieder.

Der Anteil dieser unterschiedlichen Faktoren zu einer neuen Gesamtkonstellation lässt sich kaum voraussagen. Sicher aber ist, dass das Ergebnis der Arbeitnehmerfreizügigkeit deutlich anders aussehen wird, als heute ganz überwiegend erwartet wird und in den Erweiterungsverhandlungen zwischen der EU 15 und den Kandidatenländern antizipiert wurde. In den zähen Verhandlungen über die Freizügigkeit bestand Einigkeit darüber, dass die Osterweiterung zusätzliche Arbeitsmigration auslösen wird. Uneinigkeit bestand nur über das Ausmaß. Während die Kandidatenländer (vor allem Polen) die Zahlen möglichst herunter spielen, neigen die Altmitglieder (vor allem: Deutschland und Österreich) eher zu Übertreibungen der erweiterungsbedingten Arbeitsmigration. Darum sind Überraschungen und in der Folge rasche Reorientierung der politischen und wirtschaftlichen Interessen zu erwarten, die sich auf dieses Arbeitsmarktsegment beziehen. Das hat weit reichende Folgen für die involvierten Interessenvertretungen und ihre Verhandlungspositionen. Mit anderen Worten: Die dominanten Interessenpositionen in den Altmitgliederländern und den Kandidatenländern könnten auf dramatischen Fehleinschätzungen der Folgen der Arbeitnehmerfreizügigkeit beruhen. Es ist nicht unwahrscheinlich, dass sich herausstellt, dass das Drängen der Kandidatenländer auf möglichst baldige Arbeitnehmerfreizügigkeit einem Teil ihrer eigenen Arbeitskräfte erheblich schadet, da die Legalisierung ihre Beschäftigungschancen beschädigt. Und ebenso ist nicht unwahrscheinlich, dass das Insistieren auf möglichst späte Freizügigkeit gegen die Interessen der (inländischen) Arbeitskräfte steht, weil genau dadurch die billigen Illegalen aus den Nachbarländern erhalten bleiben.

Die offensichtliche politische Fehlperzeption der Schutzinteressen der Arbeitnehmer in der EU 15 (und insbesondere in Deutschland und Österreich) findet eine bemerkenswerte Entsprechung in manchen Neumitgliedsländern, zum Beispiel in Polen. Motiviert von Überfremdungsängsten oder als schlichte Retorsionsmaßnahme für die Verwehrung der sofortigen Arbeitnehmerfreizügigkeit hat Polen eine 12-jährige Übergangsfrist für Landkäufe durch EU-Bürger durchgesetzt. Diese Regelung schädigt „durch den Nachfrageentzug die Entwicklung des polnischen Bodenmarkts und der Landwirtschaft schwer, da der Bodenwert für die Bauern die einzige relevante Beleihungsgröße für Hypothekenkredite darstellt." (Rothacher 2004: 33; Fn. 63)

Es ist unwahrscheinlich, dass mit der Arbeitnehmerfreizügigkeit die Beschäftigung illegaler Arbeitskräfte im reichen Zentrum der Europäischen Union verschwindet oder auch nur reduziert wird. Dies liegt, wie schon gesagt, daran, dass einige Branchen auf die Kostenvorteile Illegaler alternativlos angewiesen sind. In dem Maße, in dem sich die Arbeitskräfte aus den Neumitgliedsländern durch (schrittweise) Legalisierung verteuern, ist also damit zu rechnen, dass sich der Strom an illegalen Arbeitskräften aus weiter östlich liegenden Herkunftsländern verstärkt. Dafür spricht auch, dass informelle Auffang- und Vermittlungsstrukturen für Arbeitsmigranten zum Beispiel aus der Ukraine längst schon bestehen (vgl. Kunze 2003). Dazu erleichtert die Modernisierung der Bildungssysteme in den postkommunistischen Ländern samt der Chance, die „Hartwährungssprache" (Ganahl 1999: 125) Deutsch zu erlernen, den Zugang zum deutschen Arbeitsmarkt. Das bedeutet zugleich, dass die Aufschiebung der Arbeitnehmerfreizügigkeit ihre Schutzfunktion für Arbeitskräfte im reichen Zentrum der EU, die auf den sich transnationalisierenden Arbeitsmärkten nur schwach konkurrenzfähig sind, nicht erfüllen kann. Als Konsequenz zeichnet sich die Gefahr eines Teufelskreises ab, in dem die Verlierer und ihre politischen Interessenvertretungen mit Forderung nach Verlängerungen des Aufschiebens der Arbeitnehmerfreizügigkeit – also: nach ‚mehr vom selben' – reagieren und die Verteidigung ihrer Arbeitsmarktchancen dennoch nicht gelingt.

Die Verlagerung des Reservoir an illegalen Arbeitskräften nach Osten passt in das Bild der generellen Entwicklung der EU nach dem Muster konzentrischer Kreise. Zu erwarten ist folglich die Ostverschiebung der Konstellation, die wir schon gegenwärtig an den EU-Außengrenzen finden (vgl. Eigmüller 2007). Es kommt zur Grenzschließung, aber so, dass illegale Arbeitnehmer doch durchkommen – nicht der Intention nach, denn es ist absurd anzunehmen, dass die EU-Grenzpolizei sich bei ihrem Handeln von den Interessen der auf ausbeutbare Illegale angewiesenen Branchen leiten lässt. Aber im Effekt wird es dazu kommen, denn, wie gesagt, Grenzen lassen sich auf Dauer nicht wirklich dicht machen.

3.3 Grenzen des Mehrheitsverfahrens. Politische Willensbildung in der Europäischen Union

3.3.1 Einleitung

Von der Diagnose, dass die weitere Entwicklung der EU deutliche Differenzierungen von Gewinnern und Verlierern mit sich bringt, lässt sich nicht zwingend darauf schließen, dass dies zu einer Überforderung der Integrationskapazitäten der EU führt. Es liegt zwar nahe anzunehmen, dass zunehmende Interessendifferenzierungen in der EU vermehrte Konflikte nach sich ziehen, aber es könnte ja sein, dass die institutionellen Kapazitäten der EU zur Konfliktverarbeitung ausreichen oder dem erhöhten Konfliktniveau problemlos angepasst werden können. Ob die Erweiterung der Europäischen Union an innere Grenzen stößt, hängt darum von den zentralen gesellschaftlichen Konflikten und von der Leistungsfähigkeit der Institutionen zur politischen Bearbeitung dieser Konflikte in der Europäischen Union ab.

Die klassische Institution politischer Konfliktbearbeitung in der modernen Gesellschaft ist das Mehrheitsverfahren. An die Einführung und die sukzessive Ausweitung des Anwendungsbereichs des Mehrheitsverfahrens werden hohe Erwartungen hinsichtlich der Steigerung der Effizienz und der demokratiepolitischen Qualität der politischen Willensbildung auf der EU-Ebene geknüpft. Das Mehrheitsverfahren fördert und erfordert die soziale Integration einer Gesellschaft. Einen harten Test für die soziale Integration der Europäischen Gesellschaft stellen darum solche Konflikte dar, von denen man mit guten Gründen annehmen kann, dass sie die politische Leistungsfähigkeit des Mehrheitsverfahrens herausfordern, wenn nicht gar überfordern. Meine Suche nach Konfliktlinien innerhalb der erweiterten Europäischen Union folgt genau diesem Relevanzkriterium: Es geht um solche Konflikte, von denen anzunehmen ist, dass sie sich nicht durch Mehrheitsverfahren politisch bearbeiten lassen. Es geht um Konfliktlinien, an denen die konfliktregulierende Leistungsfähigkeit von Mehrheitsverfahren scheitert. Mit diesem Zuschnitt der Frage stelle ich einen direkten Zusammenhang zwischen sozialer Integration und politischer Institutionenbildung in Europa her. Denn: Zum einen hängt die Institutionalisierung von Mehrheitsverfahren von den sozialen Konfliktkonstellationen in Europa ab. Und zum anderen sind Mehrheitsverfahren selbst eine wesentliche institutionelle Voraussetzung für die weitere soziale Integration einer europäischen Gesellschaft.

Entscheidend für die konfliktregulierende Wirkung von Mehrheitsverfahren ist, dass Mehrheitsentscheidungen von überstimmten Minderheiten akzeptiert werden. Wovon hängt dies ab? Zuerst werde ich kollektive Identitäten und Interessenkalküle als die beiden Arten von sozialen Voraussetzungen dafür untersuchen, dass unterlegene Minderheiten Mehrheitsentscheidungen akzeptieren. Dann werde ich Konfliktkonstellationen in der sich entwickelnden europäischen Gesellschaft in drei Dimensionen skizzieren. Und schließlich werde ich untersuchen, welche Probleme Konflikte in diesen drei Dimensionen für die Akzeptanz von Mehrheitsentscheidungen durch Minderheiten bergen und diesem Ergebnis kurz zwei Entwicklungstendenzen gegenüberstellen, welche der Konfliktregulierung durch Mehrheitsverfahren eher förderlich sind. Als Ergebnis sollten sich einige Anhaltspunkte für die Einschätzung der politischen Leistungsfähigkeit von Mehrheitsverfahren für Konfliktregulierung auf der EU-Ebene ergeben (vgl. Vobruba 2007).

3.3.2 Das Mehrheitsverfahren in der Demokratie

Mehrheitsverfahren sind historisch weit älter als Demokratien, entfalten aber erst in Demokratien ihre umfassende sozialintegrative Leistungsfähigkeit. Im Begriff der Demokratie steckt das Paradoxon der Herrschaft des Volkes über das Volk. Daraus folgt die Legitimations-Frage, unter welchen Bedingungen das Volk die Herrschaft des Volkes akzeptiert und im Anschluss daran die praktische Frage: „Wie ist es dem Volk ‚technisch' möglich zu herrschen?" (Schumpeter 1950: 389; vgl. Held 1995: 5ff.)

Damit das Mehrheitsverfahren die Paradoxie, die im Begriff „Demokratie" steckt, auflösen und seine Vermittlungsfunktion zwischen Souveränität und Unterlegenheit des „Volkes" (vgl. Vobruba 2003b) erfüllen kann, muss die überstimmte Minderheit die Mehrheitsentscheidung anerkennen. Die Voraussetzung dafür ist, dass sie sich als unterlegene Minderheit im Rahmen einer Gesamtheit definiert und nicht aus dieser Gesamtheit aussteigt. In einer anderen Theoriesprache: Für die Leistungsfähigkeit des Mehrheitsverfahrens in der modernen Demokratie kommt es darauf an, dass die Minderheit nicht kollektiv „exit" betreibt, sondern anerkennt, dass sie mit ihrer „voice" unterlegen ist (vgl. Hirschman 1970). Unter welchen Bedingungen ist dies wahrscheinlich?

Das Mehrheitsverfahren steht als Instrument der politischen Entscheidungsfindung und -durchsetzung zwischen Einstimmigkeit und Befehl. Einstimmigkeit hat hohe Entscheidungsfindungskosten, aber kaum Durchsetzungskosten. Befehle dagegen haben kaum Entscheidungsfindungskosten, unter Umständen aber extrem hohe Durchsetzungskosten. Findungs- und Durchsetzungskosten von Mehrheitsentscheidungen liegen in der Mitte. Die Entscheidungsfindungskosten halten sich in Grenzen, da nicht alle Beteiligten, sondern eben nur Mehrheiten sich auf einen Beschluss verständigen müssen. Mittlere Durchsetzungskosten ergeben sich daraus, dass nur überstimmte Minderheiten davon überzeugt werden müssen, mehrheitlich gefasste Beschlüsse mit zu tragen. Unter welchen Bedingungen aber ist wahrscheinlich, dass überstimmte Minderheiten Mehrheitsbeschlüsse akzeptieren? Die entscheidende Frage ist, ob „die Einheit des Ganzen über den Antagonismus der Überzeugungen und Interessen unter allen Umständen" (Simmel 1984: 39) gewahrt bleibt. Diese Frage stellt sich für die EU anders als auf nationalstaatlicher Ebene – und zwar in zweierlei Hinsicht.

3.3.3 Eine belastbare Europäische Identität?

Zum einen geht es hier um die Frage nach der sozialen Qualität der voraussetzbaren Gemeinsamkeit. Woraus konstituiert sich der soziale Rahmen, in dem sich eine unterlegene Konfliktpartei als unterlegene Minderheit definiert, statt die Gemeinsamkeit aufzukündigen? Dieser Rahmen wird institutionell durch den Nationalstaat und ein auf ihn bezogenes Wir-Bewusstsein gebildet, das man üblicherweise als nationale Identität bezeichnet. Nationale Identitäten entwickelten sich historisch in der Regel (zumindest in Europa) vor der Einführung des allgemeinen Wahlrechts. Die Frage der Akzeptanz von Mehrheitsentscheidungen durch überstimmte Minderheiten stellt sich auf nationalstaatlicher Ebene also von Anfang an vor dem Hintergrund eines bereits eingeübten Wir-Bewusstseins. Es beruhte auf neoabsolutistischen Politikstrukturen und auf spättraditionalen Weltbildern. Diese nationalen Identitäten stabilisieren sich heute aus Gemengelagen von Traditionsresten, Gewohnheit und Interessenkonstellationen. In der weiten Perspektive des Strukturwandels vom traditionalen zum modernen Weltbild (vgl. Dux 2000) handelt es sich bei nationalen Identitäten um Übergangsphänomene, allerdings um extrem langlebige Übergangsphänomene mit einer relativ hohen Kapazität, Interessenkonflikte zu absorbieren. Kurzfristige Nachteile, die sich aus Verhaltensanforderungen durch Selbstzurechnung zu einer nationalen Identität ergeben, werden hingenommen, so lange langfristige Vorteile der Zugehörigkeit überwiegen: emotionale Bindung, kognitive Ordnungsgewissheit, materielle Vorteile.

Der Konstitution kollektiver Identitäten in der Moderne stehen keine Rückgriffsmöglichkeiten auf vormoderne Traditionsreserven zur Verfügung, eher muss sie sich gegen solche durchsetzen. Darum können sich genuin moderne kollektive Identitäten nur aus Interessen konstituieren. „Mit der europäischen Gemeinschaft verbinden sich, so kann man sagen, Zweckmäßigkeitsurteile, nicht jedoch wertbezogene Identifikationen. Die Zustimmung zur Europäischen Union ruht auf Kosten-Nutzen-Abwägungen." (Lepsius 1999: 208; vgl. Nissen 2004) Dies ist jedoch keine Besonderheit, die sich der technokratisch, ökonomistisch etc. vorangetriebenen Entwicklung der EU verdankt. Vielmehr ist die Fundierung in Interessen die Grundlage jedes Konstitutionsprozesses kollektiver legitimationsstiftender Identität in der Moderne. Als Besonderheit erscheint die Europäische Union deshalb, weil andere Prozesse dieser Art gegenwärtig kaum zu beobachten sind.

Neben der Debatte um Notwendigkeit und Wünschbarkeit einer europäischen Identität wurde die europäische Integration seit 1972[13] von Erhebungen

---

[13] Seit jenem Jahr gibt es entsprechende Fragen im Eurobarometer (vgl. Kohli 2002).

und Analysen der Identifikation der Bürgerinnen und Bürger mit Europa oder der Europäischen Union begleitet. Ihre Relevanz reklamieren die meisten dieser Untersuchungen auf der Grundlage der Annahme, dass aus Bekundungen wie „ich fühle mich als ...", „ich bin stolz, ein ... zu sein", „ich unterstütze ..." unmittelbar auf tatsächliches Verhalten geschlossen werden kann (vgl. Duchesne, Frognier 1995; Risse 2003). Seltener wird die Handlungsrelevanz der Identifikationen explizit untersucht (vgl. Mühler, Opp 2004), und noch seltener wird nach dem Verhältnis zwischen der Identifikation mit einer politisch verfassten regionalen Einheit (Region/Nationalstaat/EU) und den sich aus ihr ergebenden institutionellen Handlungsanforderungen gefragt. Genau daraus aber speisen sich die sozialintegrativen Hoffnungen, die in die Europäische Identität gesetzt werden und um deretwillen sie als notwendig und wünschenswert angesehen wird. In der Perspektive einer politischen Soziologie der Europäischen Integration geht es also um die Frage, ob und wie weit eine Europäische Identität zur Akzeptanz jener Belastungen beiträgt, die sich aus der Europäischen Integration ergeben. Es geht um eine belastbare Europäische Identität.

Die Frage der Belastbarkeit einer Europäischen Identität ist bisher im Hinblick auf ihre Umverteilungsfestigkeit entwickelt (vgl. Vobruba 2001) und empirisch operationalisiert worden (vgl. Mau 2003). Aber die Frage nach einer europaweiten Umverteilungsbereitschaft ist nur ein Aspekt des Problems, ob es eine gemeinsame europäische Identität gibt, welche eine Politik tragen kann, die nationalstaatlich verfasste Interessenpositionen transzendiert. Dieses Problem ist noch nie mit der Frage nach der Ausdehnung der Mehrheitsregel in der EU ernsthaft in Zusammenhang gebracht worden. Dieser Zusammenhang ist aber wichtig. Denn Entscheidungen, die auf EU-Ebene mittels Mehrheitsverfahren herbeigeführt werden, stellen für unterlegene im nationalstaatlichen Rahmen vertretene Interessen eine Zumutung dar. Die Akzeptanz solcher Entscheidungen setzt eine entsprechend belastbare europäische Identität voraus.

Ich sehe beim gegenwärtigen Stand der Diskussion keine Möglichkeit zu Aussagen, wie stark belastbar durch Überstimmung eine Europäischen Identität ist. Vermutlich sind solche Aussagen ohnehin systematisch unmöglich. Dagegen lässt sich durchaus prognostizieren, dass die Europäische Identität leicht überlastet werden kann, dass also das europäische Zusammengehörigkeitsgefühl die Akzeptanz von Mehrheitsbeschlüssen der EU, welche gegen die „Überzeugungen und Interessen" (Simmel) überstimmter Minderheiten verstoßen, nur schwach stützen kann.

Die Ausweitung von Mehrheitsverfahren auf der EU-Ebene kann sich nicht auf eine davor entwickelte kollektive Europäische Identität stützen, vielmehr handelt es sich um zwei parallele Entwicklungsprojekte. Es gibt darum ein bemerkenswertes, bisher aber kaum bemerktes Problem der Gleichzeitigkeit der

Entwicklung einer Europäischen Identität und der Ausdehnung von Mehrheits-verfahren. Wenn Konfliktregulierung durch Mehrheitsverfahren für die europäische Entwicklung konstitutiv ist, dann handelt es sich hier im Kern um das Problem der Gleichzeitigkeit von Institutionenbildung und Identitätsentwicklung in Europa.[14]

3.3.4 Legitimationsprobleme

Zum anderen wird das Mehrheitsprinzip auf der nationalstaatlichen Ebene durch seine routinisierte Anwendung im politischen Alltagsgeschäft von Legitimationsfragen weitgehend entlastet. Es ist allerdings keineswegs so, dass das Verfahren selbst legitimationsstiftend wirkt und dadurch die Politikinhalte von Akzeptanzproblemen zuverlässig abschirmt. „Legitimation durch Verfahren" (Luhmann 1969) funktioniert nur, solange Politik auf der Inhaltsebene keine so schweren Irritationen erzeugt, dass die Regeln auf der Verfahrensebene thematisiert werden.

Generell scheint es bei der Frage, wie und wodurch eine politische Ordnung legitimiert wird, eine charakteristische Differenz zwischen den politischen Eliten und den Leuten zu geben. Politische Eliten tendieren dazu, Legitimationsfragen als Fragen angemessener Beteiligung an Prozessen der politischen Willensbildung zu verstehen, Verfahrensfragen also sehr wichtig zu nehmen. Den Leuten dagegen stellen sich Legitimationsfragen eher als Fragen nach zufriedenstellenden Ergebnissen, insbesondere nach ausreichender Beteiligung am materiellen Wohlstand. Eliten orientieren sich eher an Kriterien für input-orientierte Legitimation, Leute am output (vgl. Scharpf 1970; Scharpf 1999: 21). Je nachdem, welcher dieser beiden Perspektiven die Soziologie sich annähert, erscheint ihr Anerkennung oder Güterverteilung als der entscheidende Legitimationsengpass (vgl. Habermas 1973; Vobruba 1977; Honneth 1992; Vobruba 1997). Erst wenn die Leute ihre materiellen Interessen im politischen Prozess nachhaltig enttäuscht sehen, wird von ihnen auch die input-Seite thematisiert. Die output-Orientierung aber wird dabei keineswegs fallen gelassen. Darum kann moralisch motivierte Anerkennung ausreichende materielle Teilhabe als Akzeptanzgrund der modernen Gesellschaft nicht ersetzen. Die Frage nach den

---

[14] Wenn man, wie Habermas (2001: 118, 119), von historischen Wechselwirkungen ausgeht, „worin sich der demokratische Staat und die Nation gegenseitig hervorgebracht haben", kann man von einem verfassungsgebenden Prozess in Europas starke identitätsstiftende Effekte im Sinne einer „self-fulfilling prophecy" erwarten. Geht man dagegen von Bildungsprozessen nationaler Identitäten aus, die der Institutionalisierung von Mehrheitsdemokratien historisch vorausgingen, dann weist die gegenwärtige Gleichzeitigkeit der Notwendigkeiten von Identitätsentwicklung und der Bildung mehrheitsdemokratischer Institutionen in Europa eher auf Blockadegefahren.

empirischen Voraussetzungen für die Akzeptanz von Mehrheitsentscheidungen wird im Routinebetrieb sozialwissenschaftlich und politisch-praktisch nicht gestellt. Aber im Kontext der Europäischen Union geht es nicht um routinemäßige Anwendung, sondern um die Einführung und Ausweitung des Mehrheitsprinzips. Die Verfahrensebene ist somit ständig explizit Thema der politischen Debatten in der und über die EU (vgl. Giscard d'Estaing 2002: 9), und sie ist von der Inhaltsebene nicht zu lösen. Denn die Verfahrensfragen werden mit Blick auf die Ergebnisse der Entscheidungen, welche die Verfahren erwarten lassen, diskutiert. Spanien, zum Beispiel, wehrte sich in den Verhandlungen zum Vertrag von Nizza 2000 nicht direkt gegen Abänderungen der für dieses Land überaus vorteilhaften Verteilungsregeln für den Kohäsionsfonds, sondern beharrte – erfolgreich – auf der Beibehaltung der Einstimmigkeitsregel für solche Abänderungen bis zum Jahr 2007. Spanien setze also seine inhaltlichen Interessen auf der Verfahrensebene durch. Da sich Zusammenhänge zwischen Verfahren und Inhalten in vielen Fällen eindeutig herstellen und antizipieren lassen, positionieren sich die EU-Mitglieder zur Ausweitung der Mehrheitsregel entsprechend dem, was sie sich davon inhaltlich erwarten. Keine Spur also von einem „veil of ignorance" (Rawls 1971)!

3.3.5 Hypothesen zur Akzeptanz von Mehrheitsentscheidungen

Georg Simmel hat zwei Grundkonstellationen als Rahmenbedingungen für die Akzeptanz von Mehrheitsentscheidungen unterschieden. Erstens gibt es solche Konstellationen, in denen die Minderheit zustimmt, weil ihr anderenfalls der Mehrheitswille aufgezwungen werden kann. Hier geht es also darum, durch Mehrheitsentscheid „die Minorität von der Zwecklosigkeit eines realen Widerstandes" (Simmel 1984: 40) zu überzeugen. In diesem Fall findet keine Anerkennung statt, sondern Unterwerfung mangels Exit-Option. Und zweitens gibt es solche Konstellationen, in denen die Mehrheitsentscheidung als Entscheidung für die Gesamtheit anerkannt wird. „Es besteht der scheinbare Widerspruch, der aber das Verhältnis von seinem Grunde her beleuchtet: daß gerade, wo eine überindividuelle Einheit besteht oder vorausgesetzt wird, Überstimmung möglich ist; wo sie fehlt, bedarf es der Einstimmigkeit, die jene prinzipielle Einheit durch die tatsächliche Gleichheit von Fall zu Fall praktisch ersetzt." (Simmel 1984: 43)

Die Frage der Anerkennung einer Mehrheitsentscheidung durch eine überstimmte Minderheit stellt sich ernsthaft nur in solchen Konstellationen, in denen der Minderheit die exit-Option prinzipiell zur Verfügung steht. Der politische

Test für Mehrheitsentscheidungen besteht also darin, dass in ihrer Folge keine Sezession der Minderheit stattfindet.

Unter welchen Bedingungen ist in dieser Konstellation die Akzeptanz von Mehrheitsentscheidungen durch Minderheiten erwartbar (vgl. Offe 1984)? Ich unterscheide drei Gruppen von Bedingungen, die sich auf die Inhaltsdimension, auf die Zeitdimension und auf die Raumdimension der in Mehrheitsverfahren involvierten Interessen beziehen.

1. Die Inhaltsdimension: Mehrheitsentscheidungen haben umso größere Aussicht auf Akzeptanz, je homogener die Interesseninhalte und die Intensität der Interessen aller am Mehrheitsverfahren Beteiligten sind. Und umgekehrt: Je mehr sich Interessen einer Minderheit vom Mehrheitswillen unterscheiden, und umso mehr Wert die Minderheit auf die Realisierung ihrer Interessen legt, umso unwahrscheinlicher ist die Akzeptanz eines Mehrheitsbeschlusses durch die Minderheit.

2. Die Zeitdimension: Mehrheitsentscheidungen haben umso größere Aussicht auf Akzeptanz, je eindeutiger die überstimmte Minderheit die Mehrheitsentscheidung als reversibel ansehen kann. Dies erleichtert der überstimmten Minderheit die Akzeptanz deshalb entscheidend, weil sie mit immer wieder neuen Chancen, zur Mehrheit zu werden, rechnen kann. Und umgekehrt: Je plausibler der überstimmten Minderheit die Befürchtung erscheint, eine Entscheidung für immer hinnehmen zu müssen, umso unwahrscheinlicher ist ihre Akzeptanz einer solchen Mehrheitsentscheidung.

3. Die Raumdimension: Mehrheitsentscheidungen haben umso größere Aussicht auf Akzeptanz, je weniger sich die Interessenunterschiede innerhalb einer abstimmenden Gesamtheit unterschiedlichen Territorien stabil zuordnen lassen. Und umgekehrt: Mehrheitsentscheidungen haben weniger Akzeptanzchancen durch überstimmte Minderheiten, wenn diese Minderheiten sich territorial ballen.

All diese Faktoren wiegen umso schwerer, je weniger man sich auf die ihnen vorgeordnete Bedingung verlassen kann, dass die Gesamtheit, aus der sich im Mehrheitsverfahren eine Mehrheit und eine Minderheit ergeben, durch ein gemeinsam geteiltes Bewusstsein der Zusammengehörigkeit, durch eine kollektive Identität zusammengehalten wird. Diese Bedingung spielt für die Frage nach der Akzeptanz von Mehrheitsentscheidungen durch Minderheiten in der EU eine ganz besondere Rolle, da ja im Ministerrat der EU, in dem über die wichtigsten Fragen entschieden wird, überstimmte Minderheiten immer zugleich Mehrheiten auf der nationalstaatlichen Ebene sind.

Für die Suche nach relevanten Konfliktlinien innerhalb der EU ist nun die folgende Frage entscheidend: Bei welchen Konfliktkonstellationen spielen Interessengruppen eine Rolle, bei denen es unwahrscheinlich ist, dass sie als überstimmte Minderheiten Mehrheitsentscheidungen akzeptieren?

3.3.6 Die Praxis der Mehrheitsregel

Im Entwurf des Vertrages über eine Verfassung für Europa war die einfache Mehrheit der Mitgliedsländer, welche 60% der Bevölkerung der EU repräsentieren als Kriterium für eine qualifizierte Mehrheit festgelegt. In der Perspektive der Soziologie des Mehrheitsverfahrens war zu erwarten, dass die Definition der Mehrheitsregel für die Entscheidungen des Europäischen Rates und des Rates, also für Entscheidungsfindungen zwischen den Vertretern der Mitgliedsländer, einen Schwerpunkt der Nachverhandlungen bilden würde. Ebenso war zu erwarten, dass in den Nachverhandlungen Probleme der Durchsetzbarkeit von Mehrheitsentscheidungen auf EU-Ebene antizipiert würden. Tatsächlich wurden die Anforderungen an die qualifizierte Mehrheit gesteigert und der Schutz von Minderheiten gegen Überstimmung gestärkt. „Als qualifizierte Mehrheit gilt eine Mehrheit von mindestens 55% der Mitglieder des Rates, gebildet aus mindestens 15 Mitgliedern, sofern die von diesen vertretenen Mitgliedstaaten zusammen mindestens 65% der Bevölkerung der Union ausmachen. Für eine Sperrminorität sind mindestens vier Mitglieder des Rates erforderlich, andernfalls gilt die qualifizierte Mehrheit als erreicht." (Art. I-25 (1))

Ich untersuche nun den Stellenwert der Mehrheitsregel an ausgewählten Beispielen im Verfassungstext. Dazu verwende ich die drei Hypothesen über die Bedingungen, unter denen überstimmte Minderheiten Mehrheitsentscheidungen Probleme bereiten, als Analyserahmen. Die Beispiele zeigen, dass Bedingungen und Grenzen der Akzeptanz von Mehrheitsentscheidungen zumindest als intuitives Wissen in den Verfassungstext Eingang gefunden haben.

Die Inhaltsdimension

Mehrheitsentscheidungen haben umso größere Aussicht von überstimmten Minderheiten akzeptiert zu werden, je homogener die Interesseninhalte und die Intensität der Interessen aller am Mehrheitsverfahren Beteiligten sind. Daraus folgt umgekehrt: Die Anerkennung von Mehrheitsentscheidungen durch überstimmte Minderheiten ist unwahrscheinlich, wenn sie die Qualität und Intensität ihres Anliegens als den Mehrheitsinteressen überlegen ansieht. Das kann insbesondere dann der Fall sein, wenn die Minderheit ‚Lebensinteressen' vertritt und damit den Anspruch verbindet, ‚in Wahrheit' solche Interessen aller zu verteidigen, die qualitativ über den materiellen Interessen der Mehrheit stehen. Ebenso ist die Akzeptanz durch die überstimmte Minderheit unwahrscheinlich, wenn durch Mehrheitsverfahren eine Frage entschieden wird, von der sie existentiell betroffen ist, während sie die Mehrheit davon nur peripher tangiert sieht. Bestimmte gesellschaftliche Konfliktthemen aufgrund ihrer Qualität der Geltung des Mehrheitsverfahrens zu entziehen, ist im Prinzip nichts Ungewöhnliches. Erkennt eine unterlegene Minderheit eine Mehrheitsentscheidung nicht an, bedeutet dies im Kern nichts anderes, als dass sie Minderheitenschutz verlangt.

Eine dem entsprechende Vorsicht schlägt sich im „Vertrag über eine Verfassung für Europa" vor allem bei Entscheidungen über sicherheitspolitische Interventionen nieder. Grundsätzlich gilt für das Kapitel „Außen- und Sicherheitspolitik": „Europäische Beschlüsse nach diesem Kapitel werden vom Rat einstimmig erlassen." (Art. III-300 (1))[15] Der Rat kann zwar die Ausweitung des Anwendungsbereichs qualifizierter Mehrheitsentscheidungen bei Fragen der gemeinsamen Außen- und Sicherheitspolitik einstimmig beschließen (Art. III-300 (3)), „Beschlüsse mit militärischen oder verteidigungspolitischen Bezügen" (Art. III-300 (4)) sind davon aber ausgenommen. Sie müssen immer einstimmig gefasst werden. Davon ausgehend finden sich abgestufte Konsenszwänge. „Der Europäische Rat bestimmt die allgemeinen Leitlinien der gemeinsamen Außen- und Sicherheitspolitik, und zwar auch bei Fragen mit verteidigungspolitischen Bezügen." (Art. III-295 (1)) Auf dieser Grundlage fasst der Ministerrat „die für die Festlegung und Durchführung der gemeinsamen Außen- und Sicherheitspolitik erforderlichen europäischen Beschlüsse." (Art. III-295 (2)) Diese Beschlüsse werden in der Regel einstimmig, in taxativ aufgelisteten Sonderfällen mit qualifizierter Mehrheit (Art. III-300 (2)) gefasst. Demokratiesoziologisch aufschlussreich sind die Möglichkeiten für einzelne Mitglieder, aus einer Europäischen außen- und sicherheitspolitischen Beschlusslage auszutreten. Erstens ist die Möglichkeit von Sofortmaßnahmen vorgesehen: „Bei zwingender Notwendigkeit aufgrund der Entwicklung der Lage, und falls die in Absatz 1 vorgesehene Überprüfung des Europäischen Beschlusses nicht stattfindet,[16] können die Mitgliedstaaten (...) die erforderlichen Sofortmaßnahmen ergreifen." (Art. III-297 (4)) Und zweitens wird die Möglichkeit des Dissenses eingeräumt und geregelt: Die Stimmenthaltung eines Mitglieds bei Materien, bei denen Einstimmigkeit verlangt ist, muss förmlich begründet werden. Das Mitglied ist zur Anerkennung der Bindungswirkung des Beschlusses für die anderen Mitglieder

---

[15] Art. III-210 (2) des Verfassungsentwurfs forderte bei Fragen der „gemeinsamen Sicherheits- und Verteidigungspolitik" noch einmal explizit Einstimmigkeit: „Missionen, bei deren Durchführung die Union auf zivile und militärische Mittel zurückgreifen kann, werden einstimmig gefasst (Art. III-210 (1) und (2)). Das Wort „einstimmig" wurde im endgültigen Text (Art. III-309 (2)) entfernt. Doch bleibt dies ohne Konsequenzen, da das übergreifend – weil für das gesamte Kapitel formulierte – geltende Einstimmigkeitsgebot des Art. III-300 (1) zur Anwendung kommt.
[16] Art. III-297 (1) sieht allerdings keine solche Überprüfung vor.

und zur Nichtbehinderung seiner Durchführung verpflichtet, aber von der eigenen aktiven Mitwirkungspflicht dispensiert (Art. III-300 (1)). Diese Regelungen tragen der Möglichkeit Rechnung, dass unterschiedliche Mitgliedsländer internationale Konflikte mit militärischen Implikationen so unterschiedlich gewichten, dass Mehrheitsentscheidungen keine Chance auf Akzeptanz haben.

Das diese Bestimmungen verbindende Muster ist klar: Je direkter Beschlüsse Risiken für Leib und Leben implizieren, welche „ein operatives Vorgehen der Union" (Art. III-297 (1)) mit sich bringen kann, umso mehr wird die Möglichkeit der Überstimmung reduziert.[17] Entscheidungen über Leben und Tod überfordern die Belastbarkeit einer Europäischen Identität und die Akzeptanzbereitschaft überstimmter Minderheiten. Sie bleiben im nationalstaatlichen Rahmen.

Konstellationen, in denen unterschiedliche Gruppen die Interessen an einer Materie, die gemeinsam geregelt werden muss, inhaltlich höchst unterschiedlich gewichten, sind keineswegs neu. Sie treten im nationalstaatlichen Rahmen insbesondere entlang der Konfliktlinie Umweltinteressen versus Einkommensinteressen auf. Das lässt sich seit Jahrzehnten vor allem bei Auseinandersetzungen um großtechnische Anlagen, insbesondere der Nukleartechnologie, beobachten (vgl. Offe 1984). Neuer ist die europapolitische Dimension dieser Konfliktlinie: Konflikte zwischen Anrainern der Alpentransitstrecken und Interessenten an unlimitiertem Personen- und Gütertransport, Auseinandersetzungen zwischen AKW-betreibenden und AKW-freien Ländern, Konflikte zwischen Interessen an EU-weiter Harmonisierungspolitik und Interessen an der Bewahrung nationaler und regionaler kultureller Eigenheiten. Die Integration und Erweiterung Europas bringt einerseits immer dichtere überregionale soziale Beziehungen, höheren Harmonisierungs- und Kompromissdruck mit sich; andererseits eine zunehmende Interessenvielfalt, unterschiedliche Auffassungen über die Bedeutung unterschiedlicher Konfliktthemen und regionale Eigenheiten. Deshalb ist es wahrscheinlich, dass sich in der EU Konstellationen entwickeln, in denen die Anerkennung von Mehrheitsentscheidungen für die unterlegene Minderheit unplausibel wird.

Die Zeitdimension

Mehrheitsentscheidungen haben umso größere Aussicht auf Akzeptanz, je eindeutiger die überstimmte Minderheit die Mehrheitsentscheidung als reversibel ansieht. Dies erleichtert der überstimmten Minderheit die Akzeptanz deshalb

---

[17] Die Mitwirkung des Europäischen Parlaments in Fragen der Außen- und Sicherheitspolitik beschränkt sich darauf, dass der Außenminister es „hört und unterrichtet" und darauf achtet, dass „die Auffassungen des Europäischen Parlaments gebührend berücksichtigt werden." (Art. III-304 (1))

entscheidend, weil sie mit immer wieder neuen Chancen, selbst zur Mehrheit zu werden, rechnen kann. Und umgekehrt: Je plausibler der überstimmten Minderheit die Befürchtung erscheint, eine Entscheidung für immer hinnehmen zu müssen, desto wahrscheinlicher ist, dass sie solche Mehrheitsentscheidungen nicht akzeptiert (vgl. Gusy 1984: 70f.).

Die Reversibilität von Mehrheitsentscheidungen in der EU ist aber in zahlreichen Fällen nicht gegeben. Befürworter und Betreiber der weiteren Integration und Erweiterung Europas fassen diese als einen historischen Prozess auf. In dieser Auffassung kann kein Platz für systematische Reversibilität sein. Aus dieser Konstellation gewinnt die Konfliktlinie zwischen Interessen am status quo und Integrationsbefürwortern automatisch an Bedeutung. Die Konsequenzen sind schwer einzuschätzen. Entweder beharren unterlegene Minderheiten auf Nichtanerkennung, richten sich mit dauerhaften Ressentiments ein und versuchen ihr Störpotential einzusetzen. Oder es gelingt, irreversibel überstimmte Minderheiten im Nachhinein zur Anerkennung der Mehrheitsentscheidung zu bewegen. Dies aber setzt einen umfassenden (im Sinne von: auch die unterlegene Minderheit erfassenden) Erfolg der Integration und Erweiterung Europas voraus. Wie wir bereits gesehen haben, ist ein Erfolg der Europäischen Integration als umfassendes Positivsummenspiel aber höchst unwahrscheinlich.

Beachtet man die Akzeptanzbedingungen von Mehrheitsentscheidungen in der Zeitdimension, so zeigt sich, dass es gerade im Interesse des nachhaltigen Erfolges der Europäischen Union dringend erforderlich war, in den Verfassungsvertrag die Möglichkeit des freiwilligen Austritts aus der Union einzubauen. Denn dies bedeutet nichts anderes als den verfassungsrechtlichen Ausdruck der grundsätzlichen Reversibilität aller grundlegenden Entscheidungen im Kontext der EU-Mitgliedschaft eines Landes. „Jeder Mitgliedstaat kann im Einklang mit seinen verfassungsrechtlichen Vorschriften beschließen, aus der Union auszutreten." (Art. I-60 (1)) Dabei ist das folgende Vorgehen vorgesehen: Ein Mitgliedstaat teilt dem Europäischen Rat seine Absicht auszutreten mit, die Union verhandelt mit diesem Staat ein Austrittsabkommen. Der Ministerrat beschließt nach Zustimmung des Parlaments im Standard-Mehrheitsverfahren über dieses Abkommen (Art. I-60 (2)). Und auch dieser Vorgang führt zu keinem irreversiblen Ergebnis: Will ein Staat, der aus der Union ausgetreten ist, erneut Mitglied werden, kommt das normale Aufnahmeverfahren zur Anwendung (Art. I-60 (4) und Art. I-58).

In den vergangenen Jahren wurde bei grundlegenden europapolitischen Entscheidungen (etwa über den Beitritt eines Landes zur gemeinsamen Währung) allerdings eine Praxis verzerrter Reversibilität sichtbar. Die europäische Mehrebenenstruktur, vor deren Hintergrund ebenso grundlegende wie irreversible Entscheidungen stattfinden, führt zu mehrdeutigen Motivlagen: Haben die

Wähler gegen die Idee der Europäischen Integration oder gegen ihre nationale politische Elite gestimmt, der sie eins auswischen wollten? Solche strukturellen Unklarheiten bei der Zurechnung von Motiven für das Abstimmungsverhalten und politischen Abstimmungsfolgen öffnen konkurrierenden öffentlichen ex-post-Interpretationen Tür und Tor, welche der Anerkennung von Mehrheitsentscheidungen schaden (sollen). Im Anschluss daran kann die demokratiepolitische Funktion der Reversibilität von Mehrheitsentscheidungen dadurch ad absurdum geführt werden, dass Reversibilität nur nach einer Seite hin zugelassen wird: Negativentscheidungen werden so lange revidierbar gehalten, bis eine – irreversible – Positiventscheidung zustande kommt.

Vor dem Hintergrund der demokratiesoziologischen Überlegungen über die Bedeutung der Reversibilität einer Mehrheitsentscheidung für ihre Akzeptanz durch die überstimmt Minderheit lässt sich vermuten, dass gerade die Austrittsklausel dazu führen wird, Austrittswünsche zu zügeln und ihr Drohpotential innerhalb der Union zu entwerten. Mit den (deutlichen) Worten eines Konventsmitglieds: „Es geht darum, Querulantentum zu begrenzen. Und dafür ist die Austrittsklausel gut." (Einem 2004: 190)

Die Raumdimension

Mehrheitsentscheidungen haben umso größere Aussicht auf Akzeptanz, je weniger sich die Interessenunterschiede innerhalb einer abstimmenden Gesamtheit unterschiedlichen Räumen innerhalb gegebener territorialer Grenzen stabil zurechnen lassen. Und umgekehrt: Mehrheitsentscheidungen haben wenig Akzeptanzchancen, wenn die überstimmten Minderheiten sich territorial ballen, wenn sich also die Deutung etablieren kann, dass man als Angehörige einer bestimmten Region permanent überstimmt wird. Diese Dimension liegt gewissermaßen quer zu den beiden erstgenannten. Denn sowohl Minderheiten in der Inhaltsdimension als auch Minderheiten in der Zeitdimension können territorial zurechenbar sein (vgl. Elkins 1995: 202ff.). Diese Konfliktlinie verläuft entlang imaginierter oder realer territorialer Grenzen. Für die Bedeutung der Konfliktlinien in der Raumdimension spricht die generelle Zunahme von Interessenkonflikten, die sich als Fragmentierungen auf territorialer Basis manifestieren. Erkennbar ist dies an Sezessionstendenzen von reichen Regionen aus traditionell einheitlichen Staatsverbänden (vgl. Vobruba 1997: 165f.; Zürn 1998: 277f.).

Die EU ist nach wie vor von starken nationalen und regionalen Entwicklungsunterschieden geprägt. Diese Unterschiede werden durch die Erweiterung noch vielfältiger und größer, durch die weitere Integration politisch folgenreicher. Im Verfassungsvertrag wird zwar postuliert, dass die Sozialpolitik der Union die Ziele verfolgt: „die Förderung der Beschäftigung, die Verbesserung der Lebens- und Arbeitsbedingungen, um dadurch auf dem Wege des Fortschritts ihre Angleichung zu ermöglichen, einen angemessenen sozialen Schutz, den sozialen Dialog, die Entwicklung des Arbeitskräftepotentials im Hinblick auf ein dauerhaft hohes Beschäftigungsniveau und die Bekämpfung von Ausgrenzungen." (Art. III-209) Alle diesbezüglich fördernden Maßnahmen werden aber sogleich unter Vorbehalt gestellt: „Zu diesem Zweck tragen die Union und die Mitgliedstaaten bei ihrer Tätigkeit der Vielfalt der einzelstaatlichen Gepflogenheiten, insbesondere in den vertraglichen Beziehungen sowie der Notwendigkeit, die Wettbewerbsfähigkeit der Union zu erhalten, Rechnung." (Ebd.) Man ist sich der Notwendigkeit, auf die Entwicklung einigermaßen einheitlicher Lebensverhältnisse hinzuwirken zwar bewusst, ist aber sehr zurückhaltend, was die Möglichkeit oder gar Verpflichtung dazu betrifft. Die Berücksichtigung „der Notwendigkeit, die Wettbewerbsfähigkeit der Union zu erhalten", ist einerseits selbstverständlich, schiebt als Programmsatz aber andererseits allen Ansätzen einer Vereinheitlichung und Niveausteigerung der Sozialpolitik einen Riegel vor. Und der Verweis auf die „Vielfalt der einzelstaatlichen Gepflogenheiten" legt die Vermutung nahe, dass man die Möglichkeiten transnationaler Umverteilung in der Union auf welchem Niveau auch immer pessimistisch einschätzt, dass mit einer umverteilungsfesten Europäischen Identität nicht gerechnet wird. Der Verfassungsvertrag berücksichtigt also die besondere Sensibilität nationalstaatlich repräsentierter Verteilungsinteressen, muss aber genau damit die Wohlstandsgefälle innerhalb der EU – sowohl innerhalb einzelner Mitgliedsländer als auch zwischen ihnen – unbearbeitet lassen. In der Folge der Osterweiterung werden diese Wohlstandsgefälle tiefer und integrationspolitisch zum Problem. Gerade bei Verteilungsfragen laufen Mehrheitsentscheidungen auf EU-Ebene daher Gefahr, Verlierergruppen zu involvieren, die sich klar einer Region zurechnen lassen und sich auch selbst so zurechnen. Das ist die demokratiepolitische Seite der Problematik der Entwicklung sich verfestigender Gewinner- und Verliererregionen innerhalb der EU. Noch dazu werden die Unterschiede von der Förderpolitik der Gemeinschaft, die bei unterschiedlichen territorialen Einheiten, Bezirken, Regionen, ansetzt, als politisch relevante Sachverhalte noch öffentlich auffällig gemacht.

Die Untersuchung der Voraussetzungen für die Akzeptanz von Mehrheitsentscheidungen durch unterlegene Minderheiten in den drei Dimensionen Inhalt, Raum und Zeit lassen sich so zusammenfassen: Mehrheitsentscheidungen der EU haben dann weniger Akzeptanzchancen, wenn die folgenden Bedingungen zusammentreffen:

- Sie richten sich gegen Minderheiten, die ihren Interessen besonders hervorgehobene Bedeutung zuschreiben und sich territorial als Einheit verstehen.

- Sie richten sich gegen Minderheiten, die immer wieder – und im Extremfall: einmal irreversibel – überstimmt werden und sich territorial als Einheit verstehen.

Diese Bedingungen zielen auf die Wahrscheinlichkeit von Akzeptanzproblemen, sie ermöglichen keine unmittelbaren Prognosen von politischen Konsequenzen, die sich daraus ergeben. Denn dies hängt von institutionalisierten Artikulationsmöglichkeiten von Interessen und von Machtkonstellationen ab. Schwache territoriale Einheiten müssen Überstimmung durch die Mehrheit als Diktat hinnehmen. Je mächtiger eine regelmäßig überstimmte Minderheit aber ist, etwa deshalb, weil es sich dabei um einen großen Netto-Zahler in der EU handelt, umso wahrscheinlicher wird, dass sie mit Sezession droht; oder dass, in Antizipation dieser Drohung, die Überstimmung einer solchen mächtigen Minderheit vermieden wird.

3.3.7 Gegentendenzen: Multiple Interessenlagen und Mitgliedschaften

Die zukünftige Entwicklung einer europäischen Gesellschaft hängt entscheidend von ihrer Institutionenbildung ab. Institutionen sind insbesondere zur Konfliktregulierung erforderlich. Zu erwarten ist, dass mit der voranschreitenden Integration und Erweiterung Europas Konflikte entlang der drei genannten Konfliktlinien zunehmen. Konfliktregulierung durch das Mehrheitsverfahren wird damit ebenso prekär wie erforderlich. Prekär, weil seine Leistungsfähigkeit auf sozialen Voraussetzungen beruht, die ich in konfliktsoziologischer Perspektive untersucht habe. Erforderlich, weil anders die institutionelle Integration Europas zum Erliegen kommt. Ein Stagnieren der politisch-institutionellen Integration Europas würde die Ausbildung von und die Identifikation mit multiplen Interessenlagen und Mitgliedschaften behindern und damit die sozialen Voraussetzungen für die Anwendbarkeit des Mehrheitsprinzips selbst schwächen. Entscheidend ist also, ob eine vielfältig fragmentierte Struktur der europäischen Konfliktkonstellation dominant wird, oder ob sich in der EU Interessengruppen verfestigen, die sich der Konfliktregulierung durch das Mehrheitsverfahren dauerhaft verweigern können.

Die Untersuchung der Gewinner- und Verliererkarrieren samt den sich daraus ergebenden Interessengegensätzen im Kapitel 3.1 zusammen mit der Analyse der sozialen Voraussetzungen der Akzeptanz von Mehrheitsentscheidungen vermittelt ein Bild von den Problemen der Konfliktverarbeitung und politischen Willensbildung in der Union, das an der nachhaltigen Europäischen Sozialintegration zweifeln lässt. Es erscheint darum sinnvoll, am Schluss dieses Kapitels

Tendenzen, die in Richtung auf eine Entproblematisierung der Europäischen sozialen Integration wirken können, wenigstens noch zu erwähnen. Welche Entwicklungen von Konfliktstrukturen in Europa zeichnen sich also ab, die den genannten Akzeptanzproblemen von Mehrheitsentscheidungen entgegenwirken? Das Auftreten der genannten Probleme ist umso wahrscheinlicher, je eindeutiger sich Interessengruppen verfestigen, die immer wieder überstimmt werden. Daraus folgt umgekehrt: Mehrheitsverfahren haben eine gute Chance, ihre konfliktregulierende Wirkung zu entfalten, wenn sich keine personell stabilen und territorial verfestigten Interessengruppen bilden. Es gibt auch Tendenzen in diese Richtung.

Ausgangspunkt für Argumente dafür ist die Vermutung, dass sich in der EU vielfache unterschiedliche Konfliktlinien entwickeln, die einander kreuzen, überlagern und brechen. Die sich daraus ergebende fragmentierte Struktur der europäischen Konfliktkonstellation hat zwei Hauptursachen. Zum einen kommt es im Zuge zunehmender Modernisierung und Individualisierung zur Ausbildung sozialstruktureller Positionen mit multiplen Interessenlagen: Interessen an Arbeitsplatzsicherheit und an Umweltschutz, Arbeitnehmer- und Konsumenteninteressen, Interessen an Kapital- und Arbeitserträgen ergeben sich zunehmend aus ein und derselben Position (vgl. Beck 1986: 121ff.; Müller 1993). Solche Interessenkonflikte müssen daher intrapersonell ausgetragen werden.

Zum anderen trägt die Mehrebenenkonstellation der EU zur Fragmentierung der europäischen Konfliktkonstellation bei. In unterschiedlichen Theorieperspektiven (vgl. Held 1995; Luhmann 1997: 806ff.; mehrere Beiträge in Holz 2000) wird die zunehmende Transnationalisierung der Gesellschaft als abnehmende Deckungsgleichheit von Staatsgrenzen und Grenzen gesellschaftlicher Teilsysteme beschrieben. In Folge der abnehmenden Deckungsgleichheit von Sozial-, Kultur-, Sprach- und politischen Räumen durch die zunehmende Dynamisierung der Gesellschaft Europas kommen Grenzen dieser unterschiedlichen Räume zu einander in vielfältige Querlagen. „Indem so Konflikte zu Binnenkonflikten werden und in das Netz sich überschneidender Grenzstrukturen eingebaut werden, erhöht sich auch die Chance, diese Konflikte klein zu arbeiten." (Bös 2000: 452) Die Europäische Union hat mit dem Vertrag von Maastricht die multiple Mitgliedschaft im Mitgliedsland und in der EU erstmals formuliert. Im Verfassungsvertrag ist festgelegt: „Unionsbürgerin und Unionsbürger ist, wer die Staatsbürgerschaft eines Mitgliedslandes besitzt. Die Unionsbürgerschaft tritt zur nationalen Staatsangehörigkeit hinzu, ohne diese zu ersetzen." (Art. I-10 (1)) Die Unionsbürgerschaft ergibt sich also aus der nationalen Staatsbürgerschaft, ist ihr aber nicht nachgeordnet. Für die Leute ergibt sich daraus eine „verschachtelte Mitgliedschaft" (Faist 2000), mit der längerfristig möglichen Konsequenz abnehmend eindeutiger sozialer Zugehörigkeiten.

Multiple Interessenlagen und multiple Mitgliedschaften haben für die Strukturierung der Konfliktkonstellation in Europa die gleichen Effekte: Die Dynamik
der europäischen Sozialstruktur bringt Konflikte und Widersprüche hervor, die
sich zunehmend als Dilemmata kleiner Gruppen und einzelner Personen manifestieren. Wird diese Entwicklung dominant, so steht dies der dauerhaften, eindeutigen Selbstzuordnung zu stabilen Interessengruppen im Wege und reduziert
so die Möglichkeit der Entwicklung von gegen das Mehrheitsprinzip resistenten
Minderheiten.

4. Europas Dynamik an externen Grenzen

4.1 Abgestufte Integration.

4.1.1 Einleitung

Spätestens seit dem institutionellen Vollzug der Osterweiterung ist das Bewusstsein allgegenwärtig, dass es mit der Expansion der Europäischen Union nicht so weiter gehen kann wie bisher. „On 1 May 2004, the enlargement of the European Union took place with the accession of ten new Member States. It has brought changes to the EU's political geography offering new opportunities to deepen existing relations between the Union and its neighbours to the East and to the South. The Union is determined to further develop partnerships with its neighbours to mutual benefit, promoting security as well as stability and prosperity. The EU's external borders will not become new dividing lines but the focus of enhanced co-operation." (Commission 2004: 3) Mit diesem Textbaustein beginnen alle „Country Reports", welche die Kommission im Zuge der Entwicklung ihrer „European Neighbourhood Policy" bisher veröffentlichte. Die wesentlichen Elemente der „Neuen Nachbarschaftspolitik" sind darin enthalten. Es geht um die politische und ökonomische Stabilisierung der östlichen und südlichen Peripherie der EU Länder, aber ohne zukünftige Vollmitgliedschaft. Diese Umstellung der Regelung ihrer Außenbeziehungen stellt die EU vor neue Probleme. Denn „the membership perspective has proved to be the EU's most effective foreign policy of the EU." (Heidenreich 2006: 29) Es geht für die EU darum, ihre Politik zur Stabilisierung der Peripherie von der Perspektive auf Vollmitgliedschaft für diese Länder abzukoppeln. Es geht also um die Etablierung eines neuen Politikmusters, um Expansion ohne Erweiterung. (Vobruba 2007a)

Dieser Wechsel des Musters der Politik nach Außen hat seine Entsprechung in der Entwicklung von Differenzierungen im Inneren der EU. Die Entwicklung der EU wurde bisher durch die Wechselwirkung von Integration und Erweiterung bestimmt und folgte dem Muster konzentrischer Kreise. Die Interessen des Wohlstandskerns an ökonomischer Prosperität und politischer Stabilität führten zu einer Politik kalkulierter Inklusion der Peripherie. Die Europäische Union löste bisher die ihr geographisch nahen außenpolitischen Probleme, indem sie diese in EU-interne Probleme transformierte. Diese Strategie stößt gegenwärtig jedoch an ihre Grenzen. Denn mit zunehmender Erweiterung steigen die Integrationskosten überproportional. Erweiterung und Vertiefung der Integration treten also zunehmend in Widerspruch zueinander. Im Ergebnis wird dies dazu führen, dass sich das Muster abgestufter Integration in der EU durchsetzt. Wieso ist eine solche Entwicklung hoch wahrscheinlich?

4.1.2 Unscharfe Grenzen

Die Erweiterungskrise hat deutlich werden lassen, dass das bisher dominante Entwicklungsmuster die Europäischen Union zunehmend in ein Dilemma führt: Einerseits fordert und fördert der spezifische Integrationsmodus der EU ihre sukzessive Expansion. Andererseits aber bringt die weiter gehende Expansion der EU Probleme, die ihre Integrationsfähigkeit zunehmend in Frage stellen. Damit stellt sich die Frage, wie lange das gegenwärtige Entwicklungsmuster die Expansion und Integration der EU noch bestimmen wird. Und es stellt sich die Frage, was danach kommt. In diesem Kapitel werde ich die These entwickeln, dass sich als Konsequenz dieses Widerspruchs das Muster konzentrischer Kreise nach innen wendet: Mit zunehmenden Integrationsanforderungen bei gleichzeitig zunehmender Diversität wird ein gleichmäßiger Integrationsfortschritt in der EU politisch immer voraussetzungsvoller. Die Realisierung unterschiedlicher und unterschiedlich intensiver Interessen einzelner Mitgliedsländer an weiteren Vertiefungen der Integration hat darum zur Konsequenz, dass sich das Muster konzentrische Kreise nach innen wendet. Dies ist der Übergang zur abgestuften Integration.

Nach außen wird die Expansion nach dem Muster konzentrischer Kreise zwar fortgesetzt, führt aber nicht mehr zu Erweiterungen der EU im Sinne der sukzessiven Ausweitung des Kreises ihrer Vollmitgliedsländer. Die EU ist bestrebt, ihre Interessen an Stabilität und Prosperität ihrer Peripherie durch Kooperationsangebote zu verfolgen, die letztendlich nicht mehr auf eine Vollmitgliedschaft dieser Länder hinauslaufen. Dies ist der Übergang zur Expansion ohne Erweiterung. Wie hängt der Übergang zur abgestuften Integration mit dem Übergang zur Expansion ohne Erweiterung zusammen?

Die Expansionsdynamik der EU lässt die Grenzen Europas unscharf werden. (Vgl. Lepsius 2006: 113). Es wird uneindeutig, welche Länder in welchem Sinn noch als Teile Europas bezeichnet werden können. Im politischen und sozialwissenschaftlichen Diskurs wird darauf in bezeichnender Weise mit Beiträgen (vgl. Bös 2000: 436ff.; Flora 2000; Schultz 2004) reagiert, in denen auf den Konstruktionscharakter der Grenzen Europas hingewiesen wird. Damit verbindet sich eine energische Zurückweisung der Vorstellung ‚natürlicher Grenzen' und der Vorstellung, die Geographie sei die Schlichtungsinstanz für Auseinandersetzungen um politische Grenzbedeutungen. Es wird die historische Variabilität der Grenzen Europas betont und darauf hingewiesen, dass sie „schlichtweg gesellschaftliche Konventionen darstellen." (Fassmann 2002: 30)

Gegen all jene Beiträge, in denen in reifizierender Weise Grenzen als objektive Gegebenheiten ausgegeben werden, um daraus politische Argumente zu machen, haben die energischen Hinweise auf den Konstruktionscharakter von Grenzen immer recht. Die Behandlung von Grenzen als quasi Naturgegebenheiten lässt sich als Einlassung im Interpretationskampf um Grenzziehungen und daher selbst Bestandteil des Prozesses der Konstruktion von Grenzen beobachten. In der Perspektive einer Grenz-Soziologie als Beobachtung zweiter Ordnung (vgl. Eigmüller, Vobruba 2006) sind solche Einlassungen selbst Teil des Untersuchungsobjekts: Die soziologische Beobachtung der praktischen Grenzbeobachtungen und Interpretationskämpfe um Grenzen sind die Grundlage dafür, Entstehung, Funktionsweise und Wandel von Grenzkonstruktionen zu erklären. Aber die Betonung des Konstruktionscharakters von Grenzen darf nicht dazu verleiten, damit die Vorstellung der Beliebigkeit von Grenzen und – vor allem – der beliebigen Änderbarkeit von Grenzziehungen zu transportieren. Grenzen sind Konstruktionen, aber Konstruktionen unter harten Vorgaben und mit harten Konsequenzen. Sie haben als Symbole und als Institutionen praktische Konsequenzen. Als Symbole markieren sie politische, wirtschaftliche und kulturelle Unterschiede und stabilisieren kollektive Identitäten, die sich aus Unterscheidungen zwischen „Uns" und „den Anderen" konstituieren. Als Institutionen definieren sie den territorialen Geltungsbereich des staatlichen Herrschaftsanspruchs und regulieren grenzüberschreitende Prozesse, insbesondere Bewegungen von Personen im Raum.

Also: Die Grenzen Europas als Grenzen von Staaten Europas[18] sind zwar Konstruktionen, aber die Erweiterungskrise der Europäischen Union lässt sich durch literarische Umdefinitionen der Grenzen Europas nicht lösen. Die Frage ist: Zeichnen sich in der EU institutionelle Antworten auf dieses Problem ab?

Ich werde zuerst kurz an die Mechanismen erinnern, welche die Integration und Expansion der Europäischen Union antreiben. Anschließend werde ich Grenzen der Wirksamkeit der Mechanismen von Integration und Erweiterung analysieren. Dann werde ich diese Überlegungen auf die Konflikte um den EU-Beitritt der Türkei zuspitzen. Schließlich werde ich Überlegungen zu einer abgestuften Integration der EU nach dem Ende ihrer Expansionsdynamik zur Diskussion stellen.

---

[18] Schon diese Formulierung lässt erkennen, dass die Türkei mit einem Staatgebiet, das zwei Kontinenten zugerechnet wird, einen interessanten Grenzfall darstellt.

4.1.3 Integration, Erweiterung und Expansion

Der politische und wirtschaftliche Einflussbereich der Europäischen Union ist nach dem Muster konzentrischer Kreise strukturiert. Im Zentrum befindet sich ein politisch stabiler Bereich materiellen Wohlstands. Außerhalb dieses Bereichs nimmt der Wohlstand mit zunehmender Entfernung vom Zentrum ab. Zwischen den einzelnen Zonen unterschiedlichen Wohlstands existieren Grenzen mit unterschiedlicher Durchlässigkeit; die Undurchlässigkeit der Grenzen nimmt von der Peripherie zum Zentrum hin zu. Daraus ergibt sich eine doppelte Absicherung des wohlhabenden Zentrums, nämlich sowohl durch graduell abnehmende Anreize als auch durch graduell zunehmende Hindernisse für den Eintritt. Die Expansion der EU wurde bisher in Erweiterungsrunden vollzogen, in denen das wohlhabende Zentrum seine Peripherie schrittweise bis zur Vollmitgliedschaft integrierte und in der Folge seine Interessen auf eine weitere Peripherie erstreckte.

Wodurch hat die Expansion der EU diese Dynamik gewonnen? Die Theorie der Dynamik Europas erklärt dies im Kern aus einer Tendenz zur Selbstperpetuierung der Erweiterung der EU. Und zwar so:

Zwischen der EU und ihrer Peripherie bestehen starke Wohlstandsgefälle. Da zahlreiche Probleme der ärmeren Seite, wie undemokratische Regime, Armut, oder veraltete, gefährliche Industrieanlagen als politische Instabilität, Migration oder grenzüberschreitende Umweltbelastungen für die reichere Seite des Wohlstandsgefälles zu Problemen werden, ist die wohlhabende Kernzone der Europäischen Union an der politischen Stabilisierung und wirtschaftlichen Entwicklung ihrer armen Peripherie interessiert. Wohlstandssteigerungen in der Peripherie der EU bedeuten aber nicht nur eine Verkleinerung des Wohlstandsgefälles gegenüber dem wohlhabenden Zentrum, sondern auch eine Vergrößerung des Gefälles gegenüber der weiteren, noch ärmeren Peripherie. Mit der Expansion des wohlhabenden Zentrums verschiebt sich also das Wohlstandsgefälle nach außen. Dadurch ist in dieses Muster eine beständige Expansionstendenz eingebaut. Denn jedes dem wohlhabenden Kern neu angelagerte Vollmitglied der Europäischen Union entwickelt seinerseits ein Interesse an einem politisch möglichst stabilen und ökonomisch prosperierenden Vorfeld. Folglich ist jeder Erweiterungsschritt der Europäischen Union ein Grund für ihre weitere Expansion. Dieses Entwicklungsmuster wird freilich keineswegs irgendeinem Master-Plan folgend realisiert, sondern setzt sich als Ergebnis von Interessenkonstellationen durch, die den Expansionsprozess der EU antreiben und sich in ihm reproduzieren. Diese Konstellationen lassen sich als unterschiedliche Kombinationen von Interessen an Exklusion und Inklusion beschreiben.

4.1.4 Grenzschließung und kalkulierte Inklusion

Werden grenzüberschreitende Prozesse als Bedrohung wahrgenommen, ist die klassische Reaktion darauf der Ruf nach Exklusion, nach Grenzschließung. Dies lässt sich insbesondere beim Thema Migration beobachten. Eine Politik, die auf Grenzschließung hinausläuft, wird von den niedrig qualifizierten Arbeitskräften und wirtschaftlich schwachen Unternehmen in weniger wettbewerbsfähigen Branchen innerhalb einer reichen Ökonomie angetrieben. Solche Interessenkonstellationen prägten schon die Auseinandersetzungen um den Abschluss des North American Free Trade Agreement (NAFTA) zu Beginn der 1990er Jahre (vgl. Belous, Lemco 1995; Scherrer 1999: 247ff.) und den Präsidentschaftswahlkampf in den USA im Jahr 2004 (Neue Zürcher Zeitung, 13./14.3.2004. S. 15). Anschauungsmaterial dafür bieten auch die Interessenkonstellationen, die zu den Übergangsfristen für die Arbeitnehmerfreizügigkeit zwischen der EU 15 und den 2004 neu beigetretenen Mitgliedern geführt haben.

Die Erfahrung oder die Einsicht, dass der Erfolg von Exklusionspolitik nur begrenzt sein kann, weil Grenzschließung zu kostspielig oder ganz unmöglich ist, führt zu politischen Strategien, die auf kalkulierte Inklusion hinauslaufen. Dies ist um so wahrscheinlicher, je stärker die Bewältigung unaufhaltbarer grenzüberschreitender Prozesse politikbestimmend wird. Kalkulierte Inklusion folgt der Logik „eigennütziger Hilfe." Es geht dabei um das Interesse des Helfenden, Probleme dort zu lösen, wo sie entstehen, um unerwünschte grenzübergreifende Einflüsse „vom Terrorismus bis zur Luftverschmutzung" (Commission 2003: 3) zu verhindern.

Ebenso, wie die Expansion der EU nach Süden durch das Ende der autoritären Regime in Griechenland, Spanien und Portugal rasch auf die politische Agenda kommen musste, ist eine Politik der kalkulierten Inklusion in Richtung Osten durch den Fall des eisernen Vorhangs möglich und in der Perspektive der Interessen der Europäischen Union dringend erforderlich geworden. Es entspricht der Logik kalkulierter Inklusion, dass die Vertreter der Reformstaaten Mittel- und Osteuropas aus ihrer spezifischen geopolitischen Lage und ihrer Stabilisierungsfunktion im weiteren politischen Raum Osteuropas ein starkes Argument für ihre Aufnahme in die EU machten. Derselben Logik folgend betonen nach der Osterweiterung die Staaten der nun zu unmittelbaren EU-Nachbarn gewordenen Staaten ihre Zugehörigkeit zu und ihren Nutzen für Europa. Derselben Logik folgend ist die strategische Rolle der Türkei in der Diskussion um ihre EU-Mitgliedschaft entscheidend.

4.1.5 Europäische Nachbarschaftspolitik

Die nächste Runde von Expansion ist schon abzusehen. „Die Vision der Europäischen Nachbarschaftspolitik ist ein Ring aus Ländern, die die grundlegenden Werte und Ziele der EU teilen und in eine zunehmend engere Beziehung eingebunden werden, die über die Zusammenarbeit hinaus ein erhebliches Maß an wirtschaftlicher und politischer Stabilität beinhaltet. Das wird allen Beteiligten in Bezug auf Stabilität, Sicherheit und Wohlstand enorme Vorteile bringen." (Kommission 2004: 5) Man sieht, dass das Muster konzentrischer Kreise nach wie vor die Leitvorstellung der EU für den politischen Umgang mit ihrer Peripherie ist.[19] Insofern bietet die Neue Nachbarschaftspolitik nichts Neues. Neu dagegen ist, dass die Einbeziehung der Peripherie nicht mehr zu späteren Vollmitgliedschaften führen soll. Den Staaten der Peripherie wird als „zusätzlicher Nutzen" der Neuen Nachbarschaftspolitik „langfristig die Perspektive" in Aussicht gestellt, „über die Zusammenarbeit hinaus zu einem erheblichen Grad an Integration zu gelangen. (...) In diesem Zusammenhang könnten die Partnerländer auch am Binnenmarkt der EU teilnehmen. Ferner wird der Eindruck [!] der Ausgrenzung vermieden (...)" (Kommission 2004: 8). Diese abgesenkten Konditionen kalkulierter Inklusion stehen im Kern des neuen politischen Tauschangebots der EU an ihre Peripherie. Die Neue Nachbarschaftspolitik prolongiert das Expansionsmuster konzentrischer Kreise, aber als Expansion ohne Erweiterung.

Bereits vor der Erweiterung der Europäischen Union im Mai 2004 gab es Ansätze, die Politik ringförmiger Absicherung des Wohlstandskerns der EU in modifizierter Form fortzusetzen. So regte das Strategiepapier „Wider Europe-Neighbourhood" an: „Die EU sollte ihren Nachbarstaaten helfen, die illegale Immigration zu bekämpfen und effiziente Abschiebemechanismen, vor allem im Falle der illegalen Transit-Immigration, zu entwickeln. Eine gemeinsame Vereinbarung mit allen Nachbarn, angefangen mit Marokko, Russland, Algerien, Ukraine, Belarus und Moldova wäre ein ganz wichtiger Bestandteil gemeinsamer Anstrengungen zur Kanalisierung von illegaler Immigration." (Commission 2003: 11) In dem Maße, in dem die östlichen und südlichen Nachbarstaaten der Europäischen Union zur Durchgangspassage für Migranten aus anderen Teilen der Welt in die EU werden, wird diese erneut darauf hinwirken, dass diese Staaten ihre Grenzen abdichten. Es werden weiter reichende Abschiebungsketten – vor allem über die erste und die zweite Reihe der östlichen Nachbarn der Europäischen Union hinaus – eingerichtet werden. Die Strategieüberlegungen in

---

[19] Wie stark die gewohnten Erweiterungsvorstellungen die Politik dominieren, kann man daran sehen, dass im Strategiepapier „Europäische Nachbarschaft" ein „Halbzeitbericht" (Kommission 2004: 10) vorgeschlagen wird – ohne irgendein Entwicklungsprojekt, für das ein Endtermin festsetzbar wäre.

der EU nach der Osterweiterung 2004 fokussieren stark auf Probleme grenzüberschreitender Prozesse. Grundlage der Überlegungen bleiben die Interessen
an Grenzschließung und kalkulierter Inklusion. Darum müssen sich die Strategieüberlegungen zentral der Frage annehmen, wie sich Kombinationen von
Grenzschließung und kalkulierter Inklusion in einer Politik der Expansion ohne
Erweiterung realisieren lassen. Insgesamt läuft diese Politik darauf hinaus, dass
„die EU sich zum Ziel setzten sollte, eine Zone von Wohlstand und freund-
schaftlicher Nachbarschaft um sich herum zu errichten: Einen Ring befreundeter
Staaten, mit denen die EU intensive und friedliche Kooperationen pflegt."
(Commission 2003: 4) Im Strategiepapier „Wider Europe" sowie in allen folgenden Beiträgen zu Strategieentwürfen für die Gestaltung der Außenbeziehungen der EU findet sich das folgende Kernanliegen: Die EU stellt ihrer Peripherie
vielfältige Kooperation unter dem Niveau einer EU-Mitgliedschaft in Aussicht,
damit sie sich zu dauerhaften Puffer- und Stabilitätszonen entwickeln.

Im Entwurf der Europäischen Nachbarschaftspolitik wird das meiste Ge-
wicht auf Stabilitätsexport gelegt. „Ziel der ENP ist es, die Vorteile der EU-
Erweiterung von 2004 mit den Nachbarländern zu teilen, indem Stabilität, Sicherheit und Wohlstand aller Betroffenen gestärkt werden." (Kommission 2004:
3) Erwartungsgemäß finden sich Ankündigungen von Politikstrategien, die der
Logik eigennütziger Hilfe folgen, in den Fällen, in denen sich grenzüberschreitende Probleme nur am Ort ihrer Entstehung bekämpfen lassen. „Die Aktions-
programme fördern eine verantwortungsvolle Umweltpolitik in den Partnerlän-
dern zur Verhinderung von Umweltzerstörung und -verschmutzung, zum Schutz
der menschlichen Gesundheit und zur Verwirklichung eines vernünftigen Um-
gangs mit natürlichen Ressourcen." Denn: „Umweltprobleme sind von ihrer
Natur her grenzüberschreitend und lassen sich am besten auf regionaler Ebene
lösen." (Kommission 2004: 20, 22) Ein weiteres zentrales Thema der Europäischen Nachbarschaftspolitik ist schließlich die Einbindung der Peripherie der
EU in ihre Exklusionspolitik. „Es ist wichtig, die Grenzverwaltung einschließ-
lich die Kontrolle kurzer Seeverbindungen zu verbessern; Zusammenarbeit der
Vollzugsstellen und -einrichtungen; Zusammenarbeit bei der Bekämpfung der
organisierten und grenzüberschreitenden Kriminalität sowie bei zivil- und han-
delsrechtlichen Sachen, Zusammenarbeit bei der Bekämpfung der illegalen
Einwanderung und Steuerung der legalen Einwanderung sowie Umsetzung von
Einwanderungsplänen (etwa mit den drei Maghreb-Ländern, Libyen und Ägyp-
ten (...)" (Kommission 2004: 24, 25) In der selben Logik entwickeln sich die
politischen Bemühungen auf der Ministerebene um eine Verständigung über
Auffanglager für Migranten in Nordafrika.

Man kann dies so zusammenfassen. Die Anforderungen, welche die EU im
Rahmen der Europäischen Nachbarschaftspolitik an ihre Peripherie richtet,

unterscheiden sich kaum von den Anforderungen an die Länder, die vor der Osterweiterung Peripherie der damaligen EU waren. Dem steht jedoch im politischen Tausch ein Angebot gegenüber, das um einen wesentlichen Punkt reduziert ist. Die Sequenz: instabile Peripherie/ Stabilisierung durch kalkulierte Inklusion/ Übernahme der Pufferfunktion/ Vollmitgliedschaft, welche sich in der Expansionsdynamik der EU bisher immer wieder reproduzierte, wird nun vor dem letzten Schritt abgebrochen.

Ein wichtiges Problem zwischen der EU und den Ländern dieser Peripherie entsteht darum in diesem Zusammenhang dadurch, dass nicht eindeutig ist, wofür genau die Peripherie ihre Kooperationsbereitschaft eintauscht. Die Versprechen der EU können sowohl als Tauschangebote für die Übernahme der Pufferfunktion als auch als Unterstützungsangebote für die Stabilitätsentwicklung verstanden werden. Diese Unterscheidung ist wichtig, denn an diese beiden Deutungen sind unterschiedliche politische Konsequenzen geknüpft. Versteht sich ein Land der EU-Peripherie primär als Pufferzone, wird damit eher eine finanzielle Dauerforderung gegenüber der EU begründet. Mit der Deutung als eine sich umfassend entwickelnde Stabilitätszone, wird dagegen eher wirtschaftliche Hilfe als ein Anstoß für eine selbsttragende Entwicklung assoziiert. Im ersten Fall besteht Konsens über eine special relationship unterhalb der EU-Mitgliedschaft, im zweiten Fall bleibt eine spätere Vollintegration in die EU im Bereich des Denkmöglichen und damit auch im Erwartungshorizont. Entsprechend zeichnen sich zwei mögliche Reaktionsformen der Länder ab, die von der EU als Mitglieder des „Rings befreundeter Staaten" anvisiert werden. Die eine Reaktion besteht in dem Versuch, sich die zugedachte Pufferfunktion möglichst hoch entgelten zu lassen. Man erwartet keine spätere Vollmitgliedschaft samt den damit verbundenen Vorteilen, und lässt sich darum den Nutzen, den man als Stabilitätszone für die EU hat, unmittelbar von ihr entgelten. Die zweite Reaktionsmöglichkeit besteht darin, die Zugehörigkeit zum „Ring befreundeter Staaten" als Durchgangsstadium zu verstehen und auf eine spätere Vollmitgliedschaft in der EU zu insistieren. Genau in diesem Sinne bemerkt der ukrainische Außenminister, „es wäre unlogisch, die Ukraine nicht zu akzeptieren." (Süddeutsche Zeitung 17.2.2004. S. 7) Fragt sich nur: Auf welche Logik wird hier rekurriert? Und ist diese Logik kompatibel mit der politischen Logik, welche die Expansionsdynamik der EU dominiert? Ich nehme ein paar Überlegungen aus dem nächsten Kapitel über die Türkei vorweg, denn diese Frage lässt sich am besten an einem Beispiel untersuchen.

4.1.6 Der Grenzfall Türkei

Die Neue Nachbarschaftspolitik der EU gilt nicht für die Türkei (vgl. Kommission 2004: 7). Die Türkei ist ein interessanter Grenzfall zwischen Selbstperpetuierung der Erweiterung der EU und Expansion ohne Erweiterung. Dabei spielen zwei Merkmale im Verhältnis zwischen der EU und der Türkei eine besondere Rolle.

1. Die geopolitische Lage der Türkei an der Peripherie Europas.
2. Die kulturellen Unterschiede zwischen der Türkei und der gegenwärtigen EU.

Ad 1. Das Interesse an einer EU-Mitgliedschaft liegt keineswegs einseitig bei der Türkei. Das Staatsgebiet der Türkei liegt teils in Europa, teils in Asien, in politischer, kultureller und religiöser Hinsicht markiert die Türkei den Übergang – und damit: die Grenze, wo immer man sie genau verorten mag – zwischen Europa und Asien. Das Potential der Türkei als politische Brückenmacht lässt sich schon an ihrer besonderen Stellung in der NATO und am spezifischen Interesse der USA an einer EU-Mitgliedschaft der Türkei erkennen. Dieses Potential wird von ihr selbst als wichtiges Qualifikationsmerkmal für eine EU-Mitgliedschaft ins Treffen geführt. Eine Verständigung zwischen Ost und West, so der Ehrenpräsident des Verbandes türkischer Industrieller und Unternehmen, Bülent Eczacibasi, „kann es nur mit der Integration der Türkei in die westliche Welt geben." (Financial Times Deutschland, 12.3.2004. S. 16)

Die erste Besonderheit besteht also in der spezifische Lage der Türkei, die sie zu einer geopolitisch hoch relevanten Region macht. Dies bedeutet einen besonders starken Impuls für den Expansionsmechanismus der EU.

Ad 2. Zwischen den Mitgliedsländern der Europäischen Union und der Türkei bestehen große kulturelle Unterschiede (vgl. Gerhards 2005). Dies betrifft die Einstellung der Bevölkerung zu Fragen der Lebensführung (Familienverständnis, Geschlechterrollen) wie zu Fragen der Politik (Demokratieverständnis, Verhältnis von Politik und Religion). Vor dem Hintergrund der Selbstinterpretation der Europäischen Union als „Wertegemeinschaft" ergeben sich kulturelle Unterschiede in einer Größenordnung, mit der die EU anlässlich früherer Beitrittsprozesse noch nie konfrontiert war. Noch dazu besteht in der Türkei Uneinigkeit darüber, ob ein Abbau dieser Unterschiede im Zuge der EU-Mitgliedschaft wünschenswert ist. Die einen stehen der Verwestlichung der Türkei infolge einer EU-Mitgliedschaft reserviert gegenüber, die anderen sehen gerade im Abbau kultureller Differenzen einen Zweck der Mitgliedschaft. Die zweite Besonderheit besteht also in den kulturellen Differenzen zwischen der EU und der Türkei und den unterschiedlichen Interessen am Abbau dieser Differenzen. Dies bedeutet starke Zweifel daran, ob sich die Unterschiede vereinbaren lassen und begründet die Vermutung, dass ein EU-Beitritt der Türkei mit extrem hohen Integrationskosten verbunden wäre. Insgesamt erweist sich der EU-Beitritt der Türkei also als integrationspolitischer Grenzfall, da starke Erweiterungsmotive und hohe Integrationskosten zusammentreffen. Ist zu erwarten, dass sich die Logik der Expansion der EU im Falle der Türkei in Form einer weiteren Erweiterungsrunde durchsetzen wird? Oder sprechen die Unterschiede für ein Arrangement unterhalb der Vollmitgliedschaft, also für eine „special relationship"?

Ich werde diese Fragen im nächsten Kapitel prüfen. Hier ging es erst einmal nur um die Türkei als Beispiel für einen Grenzfall zwischen Selbstperpetuierung der Erweiterung und Expansion ohne Erweiterung. Einige andere Staaten der Peripherie der EU sind – jedenfalls in der Selbstwahrnehmung ihrer europaorientierten politischen Eliten – genau solche Grenzfälle. Der Beitrittsprozess der Türkei ist deshalb von besonderer Bedeutung, weil sie der erste solche Grenzfall in der Entwicklungsdynamik der EU ist. Wie auch immer der Beitrittsprozess der Türkei enden mag – an ihm wird das Problem der Fortsetzung des bisherigen Entwicklungsmusters der EU deutlich. Daraus lässt sich ein starkes Argument dafür machen, dass der Beitrittsprozess der Türkei lange dauern und zu einem Ergebnis führen wird, dass zwischen Vollmitgliedschaft und „special relationship" im Sinne der Europäischen Nachbarschaftspolitik liegt.

Die Differenzen zwischen der EU und ihrer Peripherie, die mit zunehmender Expansion der Interessensphäre Europas zunehmen, haben also ihre Bedeutung als potentielle Ursachen von Problemen, mit denen in der Folge von Mitgliedschaften zu rechnen ist. Was die Frage nach Grenzen der Expansion betrifft, ist vor allem der folgende Punkt relevant: Im Rahmen der Logik von Integration und Expansion ist zu erwarten, dass die Türkei im Fall ihres Beitritts selbst ein Interesse an einer ihr vorgelagerten Pufferzone entwickelt. Ebenso ist zu erwarten, dass sich nach der Vollintegration und insbesondere nach dem Abbau von Grenzkontrollen zwischen der Türkei und den anderen EU-Mitgliedern die EU das Interesse an einer solchen Pufferzone zu Eigen machen wird. Damit wäre die Voraussetzung für die Entwicklung eines weiteren äußeren Rings gegeben. Ich komme darauf zurück.

Das politische Projekt Europa hat keine Grenze im Sinn einer Linie. Es lässt sich darum nicht im strengen Sinn eingrenzen. Dennoch ist es so, dass die Expansionsdynamik des Projekts Europa an Grenzen gerät. Die Grenze des Projekts Europa ist erreicht, wenn die Integrationskosten die Expansionserträge dauerhaft übersteigen und sich der Widerspruch zwischen Expansion und Integration politisch nicht mehr auflösen lässt.

4.1.7 Differenzierte Integration

Der Frage, ob bestimmte Formen nicht-einheitlicher Integration wünschenswert und wahrscheinlich sind, ist im sozialwissenschaftlichen EU-Integrationsdiskurs bisher relativ wenig Aufmerksamkeit geschenkt worden (Ausnahme: Grabitz 1984). Wenn die Frage überhaupt aufgeworfen wurde, dann als Frage der Wünschbarkeit einer vorübergehenden Abkehr vom Ideal der gleichen Integrationstiefe aller EU-Mitglieder. Keinerlei Beachtung hingegen fand bisher die Frage, ob sich bestimmte gewünschte Formen differenzierter Integration tatsächlich realisieren lassen, oder ob es nicht unter der Hand – als nicht intendierter Effekt – zu anderen, möglicherweise nicht erwünschten Formen differenzierter Integration kommt. Ich werde im Folgenden erst einen Vorschlag zur begrifflichen Fassung unterschiedlicher Integrationsformen machen und dann ein paar Überlegungen zu der Frage anstellen, welche Version differenzierter Integration der EU tatsächlich erwartbar ist.

Alle nicht-einheitlichen Formen von Integration nenne ich differenzierte Integration. Innerhalb aller Möglichkeiten differenzierter Integration unterscheide ich zwei Gruppen: nicht-hierarchische, von denen ich als „Netzwerkintegration" spreche und hierarchische, die ich „abgestufte Integration" nenne. „Netzwerkintegration" bezeichnet den Fall, dass unterschiedliche Mitgliedsländer in unterschiedlichen Politikbereichen unterschiedlich tief integriert sind. Daraus ergibt sich insgesamt ein Netzwerk von Verbindungen, in dem sich keine Gruppe von Mitgliedern entwickelt, die dauerhaft tiefer integriert ist als die anderen Mitglieder. „Abgestufte Integration" bezeichnet eine Konstellation, in der eine Gruppe von Mitgliedsländern in mehreren wesentlichen Politikbereichen tiefer integriert ist als der Rest. Im Rahmen des Zentrum-Peripherie-Modells ist zu vermuten, dass eine solche tiefer integrierte Gruppe im Zentrum der EU zu finden ist, dass das Muster „abgestufte Integration" in der Praxis also ein „Kerneuropa" sowohl im integrationspolitischen als auch im geographischen Sinn ergibt.

Netzwerkintegration als Intention

Eine „Verstärkte Zusammenarbeit" einzelner EU-Mitglieder ist im Verfassungsvertrag vorgesehen. Sie ist in allen Bereichen möglich, die nicht zu den ausschließlichen Zuständigkeiten der Union zählen (Art. I-44 (1)), ist aber nach dem Willen der Verfassung keineswegs der Normalfall. „Der Europäische Beschluss über die Ermächtigung zu einer Verstärkten Zusammenarbeit wird vom Rat als letztes Mittel erlassen, wenn dieser feststellt, dass die mit dieser Zusammenarbeit angestrebten Ziele von der Union in ihrer Gesamtheit nicht innerhalb eines vertretbaren Zeitraums verwirklicht werden können, und sofern an der Zusammenarbeit mindestens ein Drittel der Mitgliedstaaten beteiligt ist." (Art. I-44 (2)) Die Verstärkte Zusammenarbeit auf einem Gebiet „darf weder den Binnenmarkt noch den wirtschaftlichen, sozialen und territorialen Zusammenhalt beeinträchtigen." (Art. III-416) Es sollen möglichst viele Mitgliedstaaten daran teilnehmen (Art. III-418 (1)), und die Beteiligung zusätzlicher Mitglieder ist, nachdem die Kommission festgestellt hat, „dass die Beteiligungsvoraussetzungen erfüllt sind" (Art III-420 (1)), jederzeit möglich. Selektive Vertiefungen der Integration im Sinne der „Verstärkten Zusammenarbeit" sind Vorstöße einer Gruppe, zu der mit der Zeit alle anderen Mitglieder wieder aufschließen. Austritt oder Ausschluss sind darum nicht vorgesehen. Andere Bestimmungen gelten für die Außen- und Sicherheitspolitik (Art. I-41(6); Art. III-420 (2); Art. III-312 (4)). „Die Mitgliedstaaten, die anspruchsvollere Kriterien in bezug auf die militärischen Fähigkeiten erfüllen und die in Hinblick auf Missionen mit höchsten Anforderungen untereinander weiter gehende Verpflichtungen eingegangen sind, begründen eine Ständige Strukturierte Zusammenarbeit im Rahmen der Union." (Art. I-41 (6)) Austritt aus oder Aussetzen der Teilnahme eines Mitglieds an der Ständigen Strukturierten Zusammenarbeit ist durch einen qualifizierten Mehrheitsbeschluss der beteiligten Mitglieder des Rates möglich (Art. III-312 (5) und (4)).

Diese beiden im Verfassungsvertrag vorgesehenen Möglichkeiten der nicht einheitlichen Vertiefung der Integration weisen die folgenden relevanten Unterschiede auf: Die Verstärkte Zusammenarbeit wird angetrieben von dem Bestreben, gemeinsame Integrationsziele dadurch schneller zu erreichen, dass eine Gruppe von Mitgliedern intensivere Kooperation als einen zeitlich begrenzen Vorstoß unternimmt. Sie steht unter dem Vorbehalt, dass die Integration in anderen Bereichen dadurch nicht gestört wird. Austritte sind nicht vorgesehen. Dabei ist mitgedacht, dass die anderen aufholen. Die im Sinne verstärkter Zusammenarbeit tiefer integrierte Gruppe hat den Charakter einer Integrationsavantgarde. Dies entspricht der Idee einer Integration Europas in unterschiedlichen Geschwindigkeiten. Die Ständige Strukturierte Zusammenarbeit wird angetrieben von wechselseitigen Verpflichtungen und besonderen militärischen Möglichkeiten einzelner Mitglieder und ist als dauernde intensivere Kooperation gedacht. Eine Prüfung ihrer Verträglichkeit mit der Integration in anderen Bereichen ist nicht vorgesehen. Ausschluss und Austritt ist möglich. Die außen- und verteidigungspolitisch tiefer integrierte Gruppe hat den Charakter einer Integrationselite. Dies entspricht eher der Idee eines Kerneuropa.

Welche Entwicklungen der weiteren Integration der EU zeichnen sich ab, die den im Verfassungsvertrag vorgesehenen Möglichkeitenraum ausfüllen könnten?

Seit der Osterweiterung der Europäischen Union 2004 zeichnet sich der Bruch mit ihrem bisher dominanten Entwicklungsmuster ab. Die „Wider Europe"-Strategie war bereits eine Reaktion darauf. Welche Konsequenzen hat das für die beiden Mechanismen, die ich oben als Hauptursachen der Expansion und Integration der EU vorgestellt habe?

Die Expansionsdynamik der EU folgte bisher dem Muster konzentrischer Kreise und hat dieses Muster immer wieder reproduziert. Kommt die Expansionsdynamik der EU ins Stocken und dann zum Stillstand, wird das Muster konzentrischer Kreise in Frage gestellt. Das berührt vitale Interessen des wohlhabenden Kerns der EU. Von hier aus gibt es zwei Entwicklungsmöglichkeiten. Entweder es kommt zu einer dauerhaften schroffen Abgrenzung nach außen hin, also einer scharfen Grenzziehung und bewaffneten Grenzsicherung. Dies ist wegen der prinzipiell beschränkten Wirksamkeit von Exklusion aus den genannten Gründen wenig wahrscheinlich. Grenzen lassen sich nicht auf Dauer dicht machen. Oder es setzt sich das Muster konzentrischer Kreise in neuer Weise durch. Das aber kann nur bedeuten, dass sich vom Zentrum zur Peripherie abgestuft integrierte Mitgliedergruppen innerhalb der Europäischen Union entwickeln. Wie geht das?

Erst wenn man die bisherige Entwicklung der Europäischen Union nicht einfach nur als Expansion nach dem Muster konzentrischer Kreise beschreibt, sondern wenn man sie auf die Absicherung des wohlhabenden Kerns Europas als ihren Zweck bezieht, kann man sehen, dass sie nicht alternativlos ist. Ein wohlhabender Kern im Zentrum, abgeschirmt durch von innen nach außen abnehmende Wohlstandszonen und zunehmende Zutrittsbarrieren – dieses geopolitische Muster kann auf zweierlei Weise realisiert werden. Entweder werden an den wohlhabenden Kern Pufferzonen außen angelagert, die mit der Zeit zunehmend integriert werden, worauf wiederum weiter außen liegende Pufferzonen entstehen. Oder es differenziert sich aus dem größeren, integrierten Verbund aller Unionsmitglieder eine Kerngruppe aus, welche die weitere Integration forciert und damit ihre Umgebung im Effekt zur Pufferzone innerhalb der Europäischen Union werden lässt. Je weniger einheitlich dieser Verbund bereits integriert ist, umso eher kann er sich auf eine explizit abgestufte Integration umstellen. Letzteres bedeutet, dass sich das bisher dominante Entwicklungsmuster der EU nach innen wendet. Das ist das gemeinsame Vielfache aller Vorschläge zur Integration a „deux vitesses", zu einem „Vertrag im Vertrag", einem „Kerneuropa" oder einem „Gravitationszentrum aus einigen Staaten" (vgl. Hrbek 2004). Dieses Muster zeichnet sich gegenwärtig in diversen Vorschlägen mit unterschiedlichen Nuancen ab: Ein stärker integrierter Kern und die sonstigen Mitglieder drum herum. Dabei gehen die Meinungen allenfalls darüber auseinander, wer zum Kern gehört, und ob und wie man den Kern gegenüber den anderen Mitgliedsländern offen halten kann und soll. Allerdings sollte man keinen eindeutigen Zusammenhang zwischen solchen öffentlich vorgetragenen Vorschlägen und der realen Entwicklung unterstellen. Denn zum einen ist plausibel, dass das Thema „Kerneuropa" als Drohkulisse verwendet wird, um Widerstände gegen eine tiefere Integration mancher EU-Mitglieder abzubauen, etwa im Zusammenhang mit Konflikten um die Mehrheitsregel im Verfassungsentwurf. Und zum anderen ist möglich, dass Anstrengungen zur Dethematisierung gerade dann einsetzen, wenn es mit Kerneuropa ernst wird. Dieses widersprüchliche Verhältnis wird in der in Österreich weit verbreiteten Position auf den Begriff gebracht: „Wir sind gegen ein Kerneuropa, aber wenn es dazu kommt, wollen wir mit dabei sein."

Mir geht es hier nicht darum, politischen Akteuren ihre „wahren" Absichten nachzuweisen, erst recht nicht darum, selbst irgendeine Blaupause für die weitere Integration Europas zu entwerfen. Die Fixierung auf politische Rhetorik bedeutet zugleich Konzentration auf politische Intentionen. Eine so einfache Relationierung von Intention und Effekten ist aber einem derart komplexen Prozess, wie ihn die Entwicklung der EU darstellt, unangemessen. Es geht also darum ernsthaft ins Auge zu fassen, dass jenseits politischer Absichten Entwicklungen längst im Gang sind, die in ihrem Ergebnis auf eine neue Integrationsform hinauslaufen: In diesem Sinn spreche ich von abgestufter Integration.

Zum einen gibt es in einigen Politikfeldern bereits vertiefte Zusammenarbeit einiger Mitglieder (vgl. Croft et al. 1999: 81; Bös 2000: 439). Unterschiedliche Integrationstiefen im Politikfeld Verteidigung ergeben sich durch die selektive Mitgliedschaft in der NATO, in der Wirtschaft ergeben sie sich durch die selektive Teilnahme an der gemeinsamen Währung, in der Entwicklung eines gemeinsamen Grenzregimes durch die selektive Teilnahme am Schengenabkommen. Eine abgestufte Mitgliedschaft ergibt sich daraus insbesondere für die Neumitglieder Ostmittel- und Osteuropas, welche die Kriterien für einen raschen Beitritt zur Euro-Zone nicht erfüllen können (Financial Times Deutschland, 11. 3. 2004. S. 16.; vgl. Read 2002). Grenzkontrollen innerhalb der EU wird es jedenfalls so lange geben, wie es keinen freien Verkehr von Arbeitskräften (mit Rücksicht auf die Arbeitsmärkte der Altmitglieder) und Agrargütern (mit Rücksicht auf die Landwirtschaft einzelner Neumitglieder) gibt (vgl. Brusis 2000: 274). Auch dadurch entsteht – zumindest vorübergehend – in der EU ein Muster regional unterschiedlicher Integrationstiefen. Noch dazu könnte es im Politikfeld innere Sicherheit unter dem Druck des internationalen Terrorismus zur Wiederaufnahme von Grenzkontrollen zwischen EU-Mitgliedern kommen. Generell begünstigen Kontrollprobleme an der Außengrenze der EU die Revitalisierung ihrer Binnengrenzen. Dadurch könnten Abstufungen der Integrationstiefe im Politikfeld innere Sicherheit in der EU manifest werden (vgl. Brown 2002). Gleichzeitig bestehen auf dem Gebiet der Verteidigungspolitik weiterreichende Integrationspläne der drei großen EU- und NATO-Mitglieder, Großbritannien, Frankreich und Deutschland, bei denen klar ist, dass nicht alle EU-Mitglieder mitmachen wollen und können.

Alles in allem: Eine abgestufte Integration der EU zeichnet sich durch zwei Arten von Prozessen ab, die zusammenwirken: Zum einen entstehen Abstufungen, wenn Neumitglieder auf einem (vorläufig?) niedrigeren Integrationsniveau aufgenommen werden; zum anderen führen neue Differenzierungen der Integrationsniveaus im Kreis der Altmitglieder zu abgestufter Integration.

4.1.8 Schluss

Die Expansion des Projekts Europa gerät an Grenzen. Die weitere Expansion muss mit immer gravierenderen Integrationsproblemen bezahlt werden. Institutionelle Lösungen zeichnen sich nach zwei Seiten ab: Nach außen sind dies die Bemühungen, das Expansionsmuster konzentrischer Kreise fortzusetzen, und zwar durch differenzierte Formen der Expansion ohne Erweiterung, also der Kooperation zwischen der EU und ihrer Peripherie unterhalb der Vollmitgliedschaft. Die Nachbarschaftspolitik der EU ist der Versuch, einen „ring of friends" zu bilden, auf diesem Wege ihr Expansionsmuster konzentrischer Kreise über die Grenzen ihrer Erweiterbarkeit hinaus fortzuführen und so den zunehmenden Widerspruch zwischen Expansionsdynamik und Integrationsfähigkeit zu lösen. Nach innen zeichnen sich Entwicklungen ab, in deren Folge sich in der EU Mitgliedergruppen auf unterschiedlichen Integrationsniveaus bilden. Dies wird mit den steigenden Integrationskosten jeder weiteren Erweiterungsrunde wahrscheinlicher und ist die Voraussetzung dafür, dass sich das Muster konzentrischer Kreise nach innen wendet: Es realisiert sich als abgestufte Integration im Inneren der erweiterten EU. Folgt die Abstufung der Integration dem Muster konzentrischer Kreise, so bedeutet dies die Entwicklung eines Kerneuropas. Der Verfassungsvertrag sieht die Entwicklung in Richtung auf ein Kerneuropa zwar nicht vor, bietet ihr aber durchaus Raum. Diese Entwicklung ist teils Intention, teils nicht intendierter Effekt; angetrieben teils von einer Integrationselite, die exklusiv bleiben will, teils von einer Integrationsavantgarde, zu der die anderen nicht aufschließen.

In den folgenden beiden Kapiteln untersuche ich welche Folgen es hat, wenn die Expansionsdynamik der EU an Grenzen gerät, ihr dominantes Entwicklungsmuster aber beibehält. Zuerst geht es um den Grenzfall Türkei, dann um die Gestaltung der Außenbeziehungen der Union jenseits ihrer bisherigen Strategie, außenpolitische Probleme zu bearbeiten, indem man sie zu internen Problemen macht.

4.2 Der Grenzfall Türkei. Die Mitgliedschaft in der Logik von Politik

4.2.1 Einleitung

Zum einen habe ich eingangs gezeigt, dass die zunehmende gleichmäßige Vertiefung der Europäischen Integration ihre auf die Peripherie gerichteten Interessen modifiziert, woraus sich ein Expansionsimpuls ergibt. Zum anderen aber hat sich im Zuge der Untersuchung herausgestellt, dass mit zunehmender Erweiterung die Integrationskosten exponentiell steigen, und dass in diesen Sinne Grenzen der Erweiterung erreicht werden. An diesem Punkt hat meine These angesetzt, dass sich das Muster konzentrischer Kreise nach innen wenden, und die Europäische Union in den Modus abgestufter Integration übergehen wird. Das Argument, dass die zunehmende Erweiterung exponentiell steigende Integrationskosten mit sich bringt, und also – bei Nichtaufbringbarkeit dieser Kosten – zu Lasten der Vertiefung der Integration geht, beruht im Kern auf der Annahme, dass jeder weitere Expansionsschritt mehr Heterogenität, und dass mehr Heterogenität weniger Integrationstiefe bedeutet.

Vor dem Hintergrund dieser Annahme werden aus Unterschieden zwischen Altmitgliedern und potentiellen Neumitgliedern Argumente gegen ihre Aufnahme in die EU gemacht. Empirisches Anschauungsmaterial dazu liefert zurzeit die Debatte um die EU-Mitgliedschaft der Türkei. Die These, die ich in diesem Kapitel vertrete, lautet, dass der politischen Praxisrelevanz solcher Argumente enge Grenzen gesetzt sind. Denn die Erweiterungsdynamik der EU wird von komplexen Kalkülen angetrieben, in denen Unterschiede zwischen Alt- und Neumitgliedern nur eine begrenzte und ambivalente Rolle spielen. Eine nur begrenzte Bedeutung haben diese Argumente deshalb, weil sie in den Rahmen der Logik von Politik, in der sich die Frage des Beitritts der Türkei zur Europäische Union entscheidet, überhaupt nur bedingt Eingang finden. Eine ambivalente Bedeutung haben sie schon aus den folgenden drei Gründen. Erstens wird die Erweiterung selbst als Mechanismus zum Abbau von Heterogenität interpretiert. Zweitens ist man bereit, für die politischen und ökonomischen Ziele, die mit der Aufnahme der Türkei verfolgt werden, eine Zunahme von

Heterogenität in Kauf zu nehmen. Und drittens werden aus spezifischen Aspekten der Heterogenität Argumente für den Beitritt der Türkei zur EU gemacht.[20] Man sieht, die Diagnose von Differenzen spricht politisch nicht für sich. Die politische Relevanz der Argumente, die sich auf Heterogenität beziehen, ergibt sich erst aus der Art und Weise, wie sie im politischen System verarbeitet werden. Ich befasse mich in diesem Kapitel darum mit der Frage: Wie werden im Politikzusammenhang aus der Diagnose von Differenzen politisch folgenreiche Argumente? Wie werden daraus Ursachen von Politik – hier: Ursachen der politischen Entscheidung für oder gegen einen EU-Beitritt der Türkei? Um die Fragestellung plausibel zu machen, empfiehlt es sich, noch einmal an das Grundmuster der Dynamik der Europäischen Union zu erinnern.

Ich greife die Dynamik der EU hier deshalb wieder auf, um den Ausgangspunkt der Analyse in diesem Kapitel plausibel zu machen: Die Dynamik Europas wird politisch angetrieben, es spricht darum viel dafür, dass weitere Integrations-Expansionsschritte auch politisch – und mit wenig Rücksicht auf ökonomische Folgen – entschieden werden. Die Ökonomie bleibt selbstverständlich wichtig, aber erst nach vollzogenem Entwicklungsschub.

Es kann kein Zweifel bestehen, dass die Aufnahme der Türkei für die EU einen sehr bedeutenden Entwicklungsschub darstellt. Wenn die EU sich nach dem beschriebenen Muster entwickelt, bedeutet das: Über die Aufnahme der Türkei wird im Rahmen der Logik von Politik entschieden. Was aber heißt das: „Logik von Politik"?

4.2.2 Die Logik von Politik

Die Frage des Beitritts der Türkei zur Europäischen Union bietet sich als harter Test für die Tragfähigkeit der Theorie der Dynamik Europas an. Was ist der Grund dafür?

Die Türkei ist ein überaus wichtiger Staat in einem extrem relevanten Abschnitt der Peripherie Europas. Für Staaten in vergleichbarer geographischer Lage und mit vergleichbarer politischer Relevanz ergibt sich aus der Theorie der Dynamik Europas die starke Vermutung einer Aufnahme in die EU. Die Türkei repräsentiert jedoch – jedenfalls in den Augen der weit überwiegenden Zahl der Beobachter – einen europäischen Grenzfall. Das gilt in geographischer ebenso wie in kultureller Hinsicht, was schwer handhabbare Integrationsprobleme er-

---

[20] Es ist bemerkenswert, wie selbstverständlich das Problem, ob die Türkei kulturell zur EU passt (vgl. Gerhards 2004), auf die Frage nach möglichst weitgehenden Ähnlichkeiten reduziert wird. Politisch produktive Komplementaritätsverhältnisse können so nicht einmal als Möglichkeit in den Blick kommen.

warten lässt. Ebenso stellt die Ökonomie der Türkei die EU vor Probleme in einer bisher nicht da gewesenen Größenordnung. Dies steht gegen die theoretisch angeleitete Vermutung einer Erweiterung der EU um die Türkei. Nimmt man beide Aspekte zusammen, ergibt sich also die Frage, was die Theorie der Erweiterungsdynamik Europas an Interpretationspotential für diesen komplexen Fall bietet und was sich durch diese Theorie angeleitet über die Aussichten und die Modalitäten eines Beitritts der Türkei zur EU sagen lässt.

Man kann dieses Kapitel also als eine theoretisch angeleitete Prognose zu den Beitrittsperspektiven der Türkei zur EU lesen. Mit ex-post Prognosen befasst sich die Soziologie ja oft. Sie sind für ihre Verfasser eher risikoarm. Das Ergebnis steht fest, die Suche kann sich nur auf dazu passende Gründe richten. Manchmal werden in den Sozialwissenschaften auch ex-ante Prognosen gemacht. Das mit ihnen verbundene höhere Risiko wird allerdings oft dadurch begrenzt, dass solche Prognosen so vage formuliert werden, dass sie von der tatsächlichen Entwicklung kaum nicht bestätigt werden können. Hier dagegen geht es um eine präzise ex-ante Prognose. Die Prognose lautet: Die Türkei wird in einem Zeithorizont von etwa 10 bis 15 Jahren Mitglied der Europäischen Union werden. Der Test dieser Prognose findet in der Praxis statt.

Zur unmittelbaren Vorgeschichte. Am 6. 10. 2004 hat die Kommission der EU empfohlen, Beitrittsverhandlungen mit der Türkei aufzunehmen. Die Staats- und Regierungschefs der Mitgliedsländer der EU haben auf dem Rats-Treffen am 17. Dezember 2004 beschlossen, dass im Herbst 2005 mit der Türkei Beitrittsverhandlungen mit dem Ziel einer Vollmitgliedschaft aufgenommen werden. In zahlreichen Wortmeldungen zum EU-Beitritt der Türkei wird beklagt, dass mit der Aufnahme von Beitrittsverhandlungen de facto ein Beitrittsautomatismus in Gang gerate. Als Ergebnis meiner Überlegungen wird sich herausstellen, dass – entgegen solchen Befürchtungen – die Verhandlungen mit der Türkei wirklich Verhandlungen sein werden.

4.2.3 Der Theorierahmen

Die Theorie der Dynamik Europas besteht aus zwei Argumentationslinien, der Rekonstruktion der Expansionsdynamik der Europäischen Union und der Erklärung des zunehmenden Widerspruchs zwischen Vertiefung und Erweiterung. Ich rekapituliere kurz die wesentlichen Argumente und orientiere sie auf den Fall Türkei hin.

In Zentrum der Theorie der EU-Entwicklung steht die Rekonstruktion einer Entwicklungslogik. Soweit ich sehe, lässt sich anhand dieser Entwicklungslogik die bisherige Entwicklung der EU, insbesondere ihre Erweiterungsrunden gut erklären.

Die territoriale Entwicklung der EU wird von einer Expansionsdynamik dominiert, in der sich ein Muster konzentrischer Kreise reproduziert (vgl. Vobruba 2001; Gowan 2003). Die Peripherien rund um den wohlhabenden Kernbereich der EU wurden sukzessive in die EU integriert, der Kernbereich wurde so erweitert und weitere Peripherien wurden in die Expansionsdynamik einbezogen. Entscheidend für das Prognosepotential der Theorie ist, wie sich dieses Expansionsmuster erklären lässt. Denn erst auf der Grundlage von verallgemeinerbaren Aussagen über die Gründe der einzelnen Erweiterungsschübe der EU lassen sich Vermutungen darüber anstellen, ob diese Gründe auch im Falle der Türkei wirksam werden.

Die Erklärung der Expansionsdynamik setzt bei der Interaktion zwischen Kern und Peripherie an. Im Kernbereich besteht eine besondere Resonanzfähigkeit für all jene Probleme der Peripherie, welche die Tendenz haben, in den wohlhabenden Kern auszustrahlen. Daraus ergeben sich zwei Typen von Politik: Zum einen sind dies Versuche der Exklusion, also der Grenzschließung und der Abwehr von übergreifenden Problemen, zum anderen ist es Inklusion als eigennützige Hilfe, also die Bewältigung von Problemen an ihren Entstehungsorten. Daraus ergibt sich für die Peripherie die partielle Partizipation am Wohlstand des Kerns, mit der Perspektive auf Vollmitgliedschaft. Politik der Inklusion dominiert in dem Maße, in dem sich herausstellt, dass Exklusions-Politik nicht oder nur vorübergehend geeignet ist, den Interessen des wohlhabenden Kerns zuzuarbeiten. Dies ist immer dann der Fall, wenn es um die Bewältigung von technisch oder politisch nicht aufhaltbaren grenzüberschreitenden Problemen der Peripherie geht: grenzüberschreitende Umweltbelastung, illegale Migration, kriegsbedingte Instabilitäten.

Der Antrieb der Expansionsdynamik ist also das politische Motiv „eigennützige Hilfe" (vgl. Vobruba 1992): Hilfe bei der Problembewältigung des Nachbarn, um selbst von dessen Problemen verschont zu bleiben. Im Zuge der Politik kalkulierter Inklusion durchlaufen Kern und Peripherie eine Phase, in der ihr Verhältnis von einem politischen Tausch bestimmt wird: Der Kern bietet der Peripherie (eigennützige) Hilfe und eine Perspektive auf spätere Vollmitgliedschaft, die Peripherie übernimmt im Gegenzug die Funktion einer Pufferzone zwischen dem wohlhabenden Kern und der weiteren Peripherie. Sobald eine (alte) Peripherie voll in die EU integriert ist, entwickelt sie selbst ein starkes

Interesse an einer ihr vorgelagerten Pufferzone, also an der kalkulierten Inklusion ihrer Peripherie, woraus dort wiederum weiter gehende Integrationserwartungen entstehen.

Nach diesem Entwicklungsmuster lässt sich die Süderweiterung der EU und die von den südlichen Mitgliedsländern forcierte Mittelmeerpolitik der EU erklären. Nach demselben Muster laufen die diversen Runden der Osterweiterung ab. Stets findet sich die Sequenz: Ein Land ist problemexportierender Nachbar der EU, stabilisiert sich als Vorleistung und als Effekt seiner EU-Annäherung, übernimmt eine Pufferfunktion für die EU durch Teilinklusion und erwirbt später die Vollmitgliedschaft. Spätestens dann entwickelt das Land selbst Interessen an der Teilinklusion seiner äußeren Nachbarn, also der weiteren Peripherie der EU, was weiter reichende Beitrittsperspektiven nach sich zieht. Als Folge dieser Logik ist der Eindruck entstanden, die EU könne nicht „nein" sagen. Eine weitere empirische Manifestation dieser Logik kann man darin sehen, dass alle EU-Präsidentschaften in der jüngeren Vergangenheit ein zuverlässiger Prädiktor für die jeweiligen regionalen Schwerpunkte der EU-Politik waren: Alle Mitgliedsländer richteten während ihrer Präsidentschaft den Fokus der EU-Politik auf in ihrer Nachbarschaft liegende Problemregionen. Derselben Logik folgend werden EU-Mitglieder in der Regel zu Advokaten der Beitrittsinteressen ihrer Peripherie.[21] Auf die Konsequenzen dieses Grundmusters der Expansionsdynamik der Europäischen Union für ihre Außenbeziehungen gehe ich im letzten Kapitel ein.

Der zunehmende Widerspruch zwischen Vertiefung und Erweiterung

Die Erweiterung der EU gerät freilich an Grenzen. Diese machen sich vor allem dadurch bemerkbar, dass weitere Erweiterungsschritte mit immer höheren Integrationskosten verbunden sind. Die Hauptprobleme ergeben sich aus der Zunahme der Anzahl an Mitgliedern und aus der zunehmenden Vielfalt innerhalb der EU. Die zunehmende Zahl an Mitgliedern führt zu exponentiellem Ansteigen der Anforderungen an die institutionelle Komplexitätsbewältigung in der EU. Dieses Problem manifestierte sich in den komplizierten Verhandlungen im Verfassungskonvent der EU[22] um die Regeln der Repräsentation der Interessen der Mitgliedsländer. Insbesondere kollidiert die zunehmende Interessenvielfalt mit dem Wunsch nach „effizientem Regieren" (Scharpf 1999), was sich vor allem

---

[21] Dieser Mechanismus wirkt auch im Verhältnis zwischen Griechenland und der Türkei, setzt sich also sogar gegen die traditionelle griechisch-türkische Feindschaft durch (Müftler-Bac, McLaren 2003: 23; Schlötzer-Scotland 2004: 217).

[22] Vgl. dazu den sehr instruktiven Bericht eines Konventsmitglieds (Einem 2004).

im Widerspruch zwischen der Notwendigkeit und den Möglichkeiten des Mehrheitsverfahrens zeigt (vgl. Vobruba 2007).

Dazu kommt, dass aus den ökonomischen Unterschieden zwischen den Mitgliedsländern und innerhalb einzelner Mitgliedsländer Probleme entstehen. Die ökonomischen Unterschiede zwischen den Mitgliedsländern führen zu zunehmender Überforderung der EU-Finanzen, zur Überforderung der transnationalen Umverteilungsbereitschaft innerhalb der EU (vgl. Mau 2003) und zu Befürchtungen im Wohlstandskern der EU bezüglich Lohn- und Sozialdumping, sowie Arbeits- und Armutsmigration. Reaktionen darauf sind zum einen die Anstrengungen der Nettozahler-Länder, ihre Beitragsverpflichtungen zu begrenzen und die EU-Budgets insgesamt zu deckeln, zum anderen die Einschränkungen der Arbeitnehmerfreizügigkeit im Zuge der Osterweiterung 2004. Ökonomische Unterschiede innerhalb einzelner Mitgliedsländer manifestieren sich vor allem in Form territorialer Ballungen von Gewinnern und Verlierern des EU-Beitritts. Das für die Neumitglieder Mittel-Osteuropas typische Muster ist, dass die reichen Hauptstadt- und Westregionen ihre armen Ostregionen immer weiter abhängen. Je deutlicher (für die Betroffenen) sich regional stabil zurechenbare Ungleichheitsmuster innerhalb der EU entwickeln und verfestigen, umso größer wird die Gefahr von sozialen Desintegrationstendenzen (vgl. Vobruba 2001: 133; Delhey 2004: 40) – sei es, weil unerfüllte Prosperitätserwartungen zu Sezessionsbewegungen führen, sei es, weil in den reicheren Regionen die Umverteilungsbereitschaft abnimmt.

Eine Konstante der politischen EU-Programmatik, nämlich dass „widening must not go at the expense of deepening" (European Commission 1992: 12), steht damit in Frage. Denn der Widerspruch zwischen Erweiterung und Vertiefung, der nur mittels deutlich höherer finanzieller Aufwendungen zu bewältigen wäre, führt die EU in ein Trilemma (vgl. Heidenreich 2003: 318ff.). Sie steht vor der Wahl, entweder mehr Umverteilung betreiben zu müssen (was die Nettozahler ablehnen), oder sich mit einem anspruchslosen Integrationsniveau zufrieden zugeben, oder die Idee einheitlicher Integration zugunsten einer abgestuften Integration aufzugeben. Ich werde abschließend auf die Mitgliedschaftsperspektive der Türkei in diesem Trilemma zurückkommen.

Die Entwicklung der EU führt also geradewegs in die folgende Problemkonstellation. Bisher beruhte die Stabilität der EU auf ihrer kontinuierlichen Erweiterung, gegenwärtig aber zeichnet sich ab, dass sie die vielfältigen Kosten weiterer Erweiterungen immer schwerer verkraftet. Die Frage ist, ob und in welcher Weise sich unter diesen Bedingungen das Muster konzentrischer Kreise auch ohne Expansionsdynamik durchsetzt. Dies ist der Kern der Krise der EU in ihrem bisherigen Entwicklungsmuster, angestoßen durch die Osterweiterung

2004. Sie zu bewältigen ähnelt dem Versuch, mit dem Fahrrad anzuhalten und nicht umzukippen ohne sich mit den Beinen abzustützen.

Man sieht: Die Theorie der Dynamik Europas hat sich bisher gut für Prognosen geeignet. Sie bietet sowohl für die bisherigen Erweiterungsrunden als auch für die gegenwärtigen Versuche EU-interner Reformen einen tragfähigen analytischen Rahmen. Freilich setzen sich solche theoretischen Rekonstruktionen immer dem Einwand aus, Tautologien zu produzieren. Erst, so könnte der Vorwurf formuliert werden, werden die historischen Anläufe theoretisch so angeordnet, dass sich daraus einsehbare Ursache-Wirkungs-Relationen ergeben. Und dann werden mit dieser Logik eben diese historischen Abläufe erklärt. Dagegen wiederum lässt sich einwenden, dass dieses Vorgehen unvermeidbar ist, wenn man es mit singulären historischen Ereignissen wie der EU-Entwicklung zu tun hat. Aber den Tautologieverdacht entkräftet man so nicht. Was also tun? Entweder auf Theorie verzichten, oder nach solchen Konstellationen Ausschau halten, die dennoch einen empirischen Test der Theorie möglich machen.

Bei der Lösung dieses Problems kommt mir also die aktuelle politische Konstellation zu Hilfe. Die Frage einer EU-Mitgliedschaft der Türkei ist auf der politischen Agenda der EU an erste Stelle gerückt. Und die politische und geopolitische Konstellation ist so, dass die Theorie zu der Prognose führt, dass die Türkei EU-Mitglied wird. Ich nütze also diese historische Konstellation als Test der Theorie. Der Theorieansatz bietet eine allgemeine Erklärung, warum – das heißt: auf Grund welches Mechanismus – die EU expandiert. Im Zuge empirischer Konkretisierungen der Erweiterungsdynamik der EU müsste es also möglich sein zu klären, ob ein Land Mitglied der EU wird. Genau um diese Frage geht es hier: Wird die Türkei Mitglied der EU werden? Um dies ganz klar zu machen: Ich leiste keinen Beitrag zur Klärung der Wünschbarkeit einer EU-Mitgliedschaft der Türkei. Es geht mir nicht um die Frage, ob die Türkei Mitglied der EU werden soll.[23] Ich wüsste übrigens weder, anhand welcher Kriterien ich dies entscheiden sollte, noch, wer sich für diese meine Entscheidung interessieren könnte.

---

[23] Vgl. die bezeichnenden sprachlichen Unsicherheiten bei Gerhards (2004: 20). Er schreibt: „Ob die Türkei letztendlich Mitglied der EU wird oder nicht, ist keine wissenschaftliche, sondern eine allein politisch zu treffende normative Entscheidung (...)." 1. Nicht die Frage, ob die Türkei Mitglied wird, sondern die Frage, ob sie Mitglied werden soll, könnte normativ entschieden werden. 2. Ob diese Entscheidung normativ – also unter Rückgriff auf Normen – gefällt wird, ist eine empirisch offene Frage. Mindestens eben so wahrscheinlich ist, dass diese politische Entscheidung interessengeleitet getroffen wird. 3. Die Frage, ob die Türkei letztendlich Mitglied der EU wird oder nicht, lässt sich selbstverständlich wissenschaftlich behandeln – wie denn sonst?

Ich nehme also die Argumente und die öffentliche Diskussion in der EU[24] für oder gegen eine EU-Mitgliedschaft der Türkei selbst als empirische Daten und untersuche, welche dieser Argumente politisch relevant sind; das heißt, ich frage, ob sie tatsächlich zur Erklärung der Entscheidung der EU für oder gegen die Mitgliedschaft der Türkei beitragen. Es kommt also nicht darauf an relevante Entscheidungskriterien zu entwickeln, sondern soziologisch zu beobachten, welche Kriterien im Entscheidungskontext als relevant angesehen werden. Meine Frage lässt sich also nur im Wege einer Beobachtung zweiter Ordnung erschließen: Es geht darum, soziologisch zu beobachten und zu erklären, wie das Verhältnis zwischen der EU und der Türkei in der politischen Praxis beobachtet und interpretiert wird und welche Argumente für oder gegen eine zukünftige EU-Mitgliedschaft der Türkei daraus gemacht werden. Erst auf der Grundlage dieser Beobachtung zweiter Ordnung lassen sich soziologische Argumente für die Wahrscheinlichkeit einer EU-Mitgliedschaft der Türkei gewinnen.

4.2.4 Was sind politisch relevante Kriterien?

Bei der Suche nach Kriterien, die im Kontext der Entscheidung für oder gegen eine EU-Mitgliedschaft der Türkei als relevant angesehen werden, lasse ich mich von der Vermutung leiten, dass es sich um eine politische Entscheidung handelt. Diese Vermutung lässt sich mit Blick in die Geschichte der EWG/EU (vgl. Brunn 2002) plausibel machen. Alle wesentlichen Entscheidungen in der Entwicklung der EWG/EU waren politisch motiviert. Es handelte sich – insbesondere im Selbstverständnis der relevanten politischen Eliten – um Entscheidungen, die sich im Interesse der Realisierung historischer Chancen über ökonomische und soziale Bedenken hinwegsetzten. Typischerweise folgten den politischen Entwicklungsschüben darum Stagnationsphasen, in denen ökonomische und soziale Konsequenzen abgearbeitet wurden. Das gilt insbesondere für die Süderweiterung der EU in den 80er Jahren und wurde unter dem Stichwort „Nachdenkpause" für die Zeit nach der Osterweiterung im Jahr 2004 eingefordert.

Für die Beantwortung der soziologischen Frage nach der Wahrscheinlichkeit eines EU-Beitritts der Türkei sind also die Relevanzkriterien von Politik entscheidend. Dies führt zu der Frage: Was sind politisch relevante Kriterien?

---

[24] Aus diesem Grund konzentriere ich mich auf Beiträge, die beanspruchen, aus EU-Perspektive zu argumentieren. Dies ist nicht Ausdruck einer Parteinahme, sondern entspricht der Machtasymmetrie zwischen EU und Türkei. Einen guten Überblick über die Beitrittsdebatte in der Türkei bietet Schlötzer-Scotland 2004.

Die Frage danach, welche Faktoren als Gründe für den Beitritt der Türkei zur EU relevant sind, lässt sich am leichtesten beantworten, wenn man sie in die Sprache funktionaler Differenzierung übersetzt. Wenn zutrifft, dass es sich bei der Frage des EU-Beitritts der Türkei um eine politische Frage handelt, dann ist anzunehmen, dass sie nach der im politischen System dominanten Logik entschieden wird. Das bedeutet: Aus der großen Zahl an Faktoren, aus denen sich Argumente für oder gegen den EU-Beitritt der Türkei konstruieren lassen, kommen als Ursachen der Entscheidung für oder gegen den Beitritt nur jene in Frage, die sich in die Logik von Politik einpassen lassen. Man kann in der Perspektive eines erweiterten Ansatzes des „Interesses des Staates an sich selbst" (vgl. Offe 1975; Vobruba 1983) oder des politischen Systems als autopoietischem System (Luhmann 2000: 88) davon ausgehen, dass mit politischen Entscheidungen Machterhaltung und Machtausbau intendiert, Machtverlust dagegen vermieden wird. Dies bedeutet keineswegs, dass – wie ein populärer Vorwurf lautet – Politiker bei ihren Entscheidungen sich von nichts anderem als von ihrem egoistischen Interesse an Machterhalt leiten lassen. Eine solche Sicht personalisiert in unzulässiger Weise die Logik von Politik. Politische Entscheidungen müssen an den Regeln der Reproduktion politischer Macht orientiert werden. Die Logik von Politik konstituiert sich daraus, dass politische Entscheidungen so getroffen werden, dass die Reproduktion der politischen Machtposition der Entscheidungsinstanz wenigstens als Nebenbedingung immer mit verfolgt wird. Dies determiniert die Entscheidungen zwar nicht, definiert aber einen Möglichkeitenraum für Politik.

Mit anderen Worten: Die Möglichkeit, ihre Reproduktionsbedingungen nicht mitreflektierender also selbstzerstörerischer Politik, schließe ich aus.

Um diese Argumentationsfigur empirisch handhabbar zu machen, muss man sie handlungstheoretisch unterfüttern: Wie werden Gründe als politisch relevant oder nicht relevant sortiert? Dieser Vorgang lässt sich zwar als Ergebnis der Systemlogik von Politik beobachten und darstellen, nicht aber erklären. Denn er wird nicht von ihr bewirkt, sondern ergibt sich aus der Wahrnehmung und den Kalkülen von politischen Akteuren. Die Erklärung dieses Vorgangs setzt also die soziologische Beobachtung der Beobachtungen und Kalküle der Akteure selbst voraus.[25]

Der binäre Code „Macht haben/nicht haben" verweist auf die Relationierung unterschiedlicher machtorientierter politischer Akteure (Personen, Institutionen) untereinander; sowie auf die unterschiedlichen politischen Ebenen, auf denen diese Relationierungen stattfinden, also Machtpositionen erlangbar sind.

---

[25] Dies verweist auf Überlegungen zum Verhältnis von System- und Handlungstheorie (vgl. Vobruba 1991: 90), mit denen ich diesen Text nicht belasten kann.

Die Frage nach den empirisch wirksamen Ursachen für oder gegen den EU-Beitritt der Türkei lässt sich darum so formulieren:

Welche Merkmale der Türkei bzw. im Verhältnis von Türkei und EU werden für die unterschiedlichen machtorientierten politischen Akteure zu Gründen für oder gegen den EU-Beitritt der Türkei unter dem systemischen Gesichtspunkt, auf den unterschiedlichen politischen Ebenen Macht zu erlangen oder zu erhalten? Damit stellen sich zwei Fragen, die ich in zwei Argumentationsschritten abarbeiten werde:

1. Welche Aspekte in den Beziehungen zwischen der Türkei und der EU sind für Macht haben oder nicht haben relevant und können darum zu politischen Ursachen werden?

2. Was sind die relevanten Politikebenen, auf denen es in diesem Fall um Macht haben oder nicht haben geht?

Die erste entscheidende Frage ist also, welche Eigenschaften, Aspekte, Besonderheiten aufweist die Türkei, die von politischen Akteuren auf den drei politischen Ebenen als wichtig oder störend für *Machtüberlegenheit* angesehen werden und darum zu Gründen für oder gegen den Beitritt der Türkei zur EU gemacht werden. Das ist die handlungstheoretische Unterfütterung der einfachen Einsicht, dass alle denkbaren Argumente für und gegen einen Beitritt der Türkei zur EU durch den Relevanz-Filter des politischen Systems gehen müssen, um zu politisch wichtigen Argumenten zu werden. Diese Frage führt zu den Besonderheiten in der politischen Konstellation zwischen der EU und der Türkei.

4.2.5 Die Türkei und die EU

Die Annäherung zwischen der Türkei und der EWG/EU hat eine lange und komplizierte Geschichte. 1949 wird die Türkei Mitglied des Europarats, im Juni 1959 bewirbt sich die Türkei zum ersten Mal um die Mitgliedschaft bei der EWG, am 12. September 1963 wird zwischen der Türkei und der EWG ein Assoziierungsabkommen geschlossen, mit Errichtung einer Zollunion in drei Phasen und der Aussicht auf spätere EWG-Mitgliedschaft. Am 14. April 1987 bewirbt sich die Türkei wieder um die Mitgliedschaft in der EG, im Dezember 1989 lehnt die Kommission den Beitritt ab, es soll zunächst die Zollunion realisiert werden. Am 31. Dezember 1995 wird die Zollunion zwischen der Türkei und der EU realisiert. Im Dezember 1997 bestätigt der Europäische Rat die im Assoziierungsabkommen enthaltene Beitrittsperspektive. Die Agenda 2000 widmet der Türkei ein eigenes Kapitel, das mit der Erinnerung beginnt: „Die grundsätzliche Fähigkeit der Türkei zur Mitgliedschaft in der Europäischen

Union wurde erstmals in dem Assoziationsabkommen von Ankara aus dem Jahr 1964 festgehalten und später in der Stellungnahme der Kommission von 1989 zu dem Beitrittsantrag der Türkei aus dem Jahr 1987 bestätigt." (Europäische Kommission 1997: 62ff.) Im Dezember 1999, auf dem EU-Gipfel von Helsinki, erhält die Türkei den Status eines Beitrittskandidaten, allerdings unter dem Vorbehalt der Erfüllung der „Kopenhagener Kriterien" von 1993 (Demokratie und rechtsstaatliche Ordnung, Minderheitenschutz und Wahrung der Menschenrechte). (Quellen: http://www.quantra.de; http.//presidency.finland.fi) Seit den ersten Beitrittsbemühungen der Türkei (1959) sind 19 Länder an ihr vorbei Mitglieder der EWG beziehungsweise EU geworden.

Die Geschichte der sicherheitspolitischen Positionierung der Türkei ist dagegen rasch erzählt: Seit 1951 ist sie Mitglied der NATO.

Welche Besonderheiten im Verhältnis zwischen der Türkei und der EU werden im Zusammenhang mit der Beitrittsfrage diskutiert? Die relevanten Themengruppen sind: Kulturelle Differenzen, ökonomische Ungleichheit, die türkische Minderheit in der EU und die geopolitische Lage.

Kulturelle Differenzen

Das mit Abstand am intensivsten erörterte Thema sind die kulturellen und religiösen Besonderheiten der Türkei in Relation zu Europa. Dabei lassen sich die folgenden beiden Diskursstränge unterscheiden.

A. Der hysterisch[26] kulturalistische Diskurs. Hier werden die kulturellen Besonderheiten der Türkei in Relation zur europäischen Geschichte und zu einer aus ihr erwachsenden „europäischen Identität" bestimmt. „Im Islam fehlen die für die europäische Kultur entscheidenden Entwicklungen der Renaissance, der Aufklärung und der Trennung zwischen geistlicher und politischer Autorität." (Schmidt 2004: 162) Die Genese einer europäischen Identität wird in „gemeinsame[n] historische[n] Erfahrungen und Prägungen" (Winkler 2004: 271), also in der gemeinsam erfahrenen Geschichte verankert, ihre Funktion schlicht als „unverzichtbar" (Wehler 2004: 7; vgl. Winkler 2004: 271) bezeichnet.[27] Leider

---

[26] Ich verwende den Begriff „Hysterie" hier in dem präzisen Sinn einer über das Wegfallen ihrer Ursache hinaus persistenten Wirkung. Vom 14. bis zum 17. Jahrhundert stand Europa unter dem Eindruck der aggressiven Westexpansion des osmanische Reichs (vgl. Matschke 2004). In den Jahren 1529 und 1683 wurde Wien von Türkischen Heeren belagert (nicht erobert!). Im Jahr 2004 warnt der EU-Kommisar Frits Bolkestein vor einem Beitritt der Türkei zur EU mit dem Hinweis, mit einem Beitritt der Türkei zur EU und der damit drohenden Islamisierung Europas sei „die Befreiung von Wien 1683 umsonst gewesen." (Süddeutsche Zeitung, 9. 9. 2004. S. 8; Vgl. dazu die Todes-Rhetorik bei Wehler (2004: 57) und – moderater – bei Winkler (2004: 272)

[27] Solche Texte stehen in der langen Tradition der Konstruktion einer Europäischen Identität durch Differenzbildung zum „Orient" (vgl. Said 2003: 2, 12, 332).

entziehen sich diese Argumente kritischer Reflexion, etwa anhand der in der soziologischen Diskussion um Möglichkeit und Notwendigkeit einer europäischen Identität zentralen Fragen[28]: Was sind die Bedingungen der Entstehung und Belastbarkeit einer europäischen Identität? Und: In wie fern bedarf die EU-Integration überhaupt eines gemeinsam geteilten Wir-Bewusstseins? Gleichwohl werden daran sehr weit reichende Folgen geknüpft und, wie Hans-Ulrich Wehler zu recht diagnostiziert, in schrillem Ton (Wehler 2004a: 57) vorgetragen – wobei er diese seine Diagnose in aller erster Linie selbst bestätigt.

Der entscheidende Aspekt der Fremdheit der Türkei wird in der Religion gesehen und in der Gefahr der Majorisierung Europas durch diese Fremdheit. In mehreren Diskussionsbeiträgen wird betont, dass sich im Schutz der Europäischen Religionsfreiheit der Islam breit machen werde – und zwar in der Türkei und anderswo: „Tatsache ist, dass es in Europa nach dem türkischen Beitritt mehr Muslime als Protestanten gäbe." (Jäger 2004: 30)

All diesen Einlassungen ist gemeinsam, dass sie – wie vage auch immer – Differenzen zwischen der EU und der Türkei beschreiben und dann davon ausgehen, dass diese Differenzen als Argumente gegen eine EU-Mitgliedschaft der Türkei für sich selbst sprechen. Aber trifft das zu? Wie steht es um die Übersetzung dieser kulturalistischen Anmerkungen in politisch folgenreiche Argumente? Bevor ich diese Frage schärfer fasse, gehe ich kurz auf den zweiten Strang im Diskurs über kulturelle Unterschiede ein.

B. Der hoffnungslos politikabstinente Diskurs. Während der hysterisch kulturalistische Diskurs offen auf politischen Einfluss zielt, zeichnen sich die Beiträge zur empirischen Erforschung von kulturellen Differenzen zwischen der EU und der Türkei durch programmatische Politikabstinenz aus. Die Sozialwissenschaften hätten weder die Aufgabe noch überhaupt die Möglichkeit, als Wissenschaft aus ihren Ergebnissen auf politisch Wünschenswertes zu schließen. Das trifft zu, dennoch ist Politikabstinenz – in diesem Fall ganz offensichtlich – ein hoffnungsloses Programm.[29] Denn der soziologischen Beobachtung kann nicht verborgen bleiben, dass die empirischen Ergebnisse soziologischer Beobachtung selbst wieder in politische Verwertungszusammenhänge geraten. Es lässt sich schlicht nicht ignorieren, dass sich sowohl politische Akteure der empirischen Ergebnisse bedienen, als auch, dass der hysterische Diskurs sich der Autorität des politikabstinenten zu bedienen versucht, indem er (vage) Anleihen beim ihm macht: „Fraglos gelten seit der Republikgründung (1922) für

---

[28] Vgl. dazu Lepsius 1999, Habermas 2001, Mau 2003; Nissen 2004, Vobruba 2001.

[29] Dass sozialwissenschaftliche Forschung weder den Entstehungs- noch den Verwendungszusammenhang ihrer Ergebnisse abschütteln kann, ist eine langfristig stabile Einsicht aus dem Positivismusstreit (vgl. Adorno u. a. 1972). Dagegen lässt sich mit Parteinahme nichts ausrichten; weder mit der Parteinahme für eine politische Position, noch mit der Parteinahme gegen Parteinahmen.

die Machteliten westliche Zielwerte, da die Türkei, wie auch Russland seit Peter dem Großen, Europa ähnlich zu werden bestrebt ist. Doch eine soziologische Umfrage ergab kürzlich eklatante Unterschiede in den Werthaltungen." (Wehler 2004: 8) Dann folgen einige ungenaue Angaben über Differenzen politischer Einstellungen ohne Quellenangabe.

Im politikabstinenten Diskurs werden die Erhebungen der Differenzen regelmäßig mit dem Hinweis verbunden, die Politik müsse daraus selbst ihre Schlüsse ziehen. Das kann man selbstverständlich postulieren, man verlässt damit aber die soziologische Beobachterposition zu früh. Behielte man sie bei, könnte man sehen: Politikabstinenz des Autors lässt sich durchhalten, nicht aber Politikabstinenz des Textes. Das ist unvermeidbar und kann mit zum Thema gemacht werden, wenn man in den Gegenstand der soziologischen Untersuchung einbezieht, in welcher Weise unterschiedliche Akteure im empirischen Feld die Vorgänge darin beobachten. In bezeichnender Weise wird im politikabstinenten Diskurs der politischer Verwertungszusammenhang der eigenen Ergebnisse letztlich am Rande doch noch mit reflektiert: Nach ihrer leidenschaftslosen Erhebung von Differenzen in der Familien- und Geschlechterpolitik innerhalb der EU und in den (potentiellen) Beitrittsländern kommen Gerhards und Hölscher (2003: 221f.) implizit auf die Filterwirkungen der Logik von Politik zu sprechen. Diese Politikfelder, so schreiben sie, gehören „sicherlich nicht zu den zentralen Bereichen der europäischen Politik, was die Wahrscheinlichkeit reduziert, dass sich an dieser Frage manifeste politische Konflikte entzünden werden."

Wenn es aber so ist – was wissen wir dann, wenn wir über diese Differenzen Bescheid wissen? Diese Frage erhebt sich jedenfalls dann, wenn man nach tatsächlichen Gründen für die Erweiterungspolitik und von Integrationsproblemen sucht.

Ökonomische Unterschiede

Es scheint freilich so zu sein, dass die meisten Autoren ihren kulturalistischen Argumenten nur begrenzt politische Überzeugungskraft zutrauen. Konsequent werden darum diese Argumente (um die es ihnen eigentlich geht?) mit Kosten-Nutzen-Kalkülen verknüpft. So diagnostiziert der damalige Agrarkommissar der EU, Fischler, die Türkei sei „weit mehr orientalisch als europäisch" (Süddeutsche Zeitung, 11., 12. 9. 2004: S. 1), und warnt zugleich vor einer jährlichen Belastung des EU-Agrarbudgets in der Höhe von 11,3 Milliarden Euro jährlich, die durch den EU-Beitritt entstünden.[30] Analog argumentiert Wehler, das „fas-

---

[30] Brief Fischlers an die anderen Mitglieder der Kommission, Ende Juli 2004. Zu den Implikationen der europäischen Konstruktion „Orient" vgl. die bahnbrechende Arbeit von Edward Said (2003).

zinierende" (2004a: 58), „großartige" (2004: 7) Projekt der europäischen Einheit werde eingetauscht „gegen das verwässerte Linsengericht einer unmäßig aufgeblähten Freihandelszone von der Atlantikküste bis Wladiwostok." Es werden also „vitale europäische und deutsche Interessen verraten" (Wehler 2004: 6). Treten schon hier utilitaristische Argumente den kulturalistischen zur Seite, so werden schließlich schlicht Sorgen vor explodierenden Umverteilungserfordernissen angesprochen. „Der überdimensionierte Dauerversorgungsfall Türkei" (Wehler 2004a: 67) werde zu einer „letalen Überforderung aller Ressourcen" (Wehler 2004: 8) führen.

Die türkische Minderheit in der EU

Die Türkei unterscheidet sich von allen früheren Beitrittswerbern zur EU darin, dass in einigen EU-Mitgliedsländern türkisch-stämmige Minderheiten in relevanter Größenordnung leben. Dazu kommt, dass auch andere muslimische Minderheiten politische Parteien dazu nötigen, in der Frage des EU-Beitritts der Türkei explizit Stellung zu beziehen. Es gibt eine erhebliche Zahl an türkischstämmigen und anderen muslimischen Wahlberechtigten, und diese werden in unterschiedlicher Weise in parteipolitische, wahltaktische Kalküle einbezogen. Folge davon ist, dass der Konflikt um den Beitritt der Türkei auf einem weit höheren innenpolitischen Konfliktniveau ausgetragen wird als andere mögliche EU-Beitritte. Allerdings scheint sich daraus keine eindeutige Stoßrichtung für oder gegen den EU-Beitritt der Türkei zu ergeben. Die Konfliktlinien folgen zwar einerseits der Differenz zwischen den Lagern[31] konservativ (christdemokratisch) versus sozialdemokratisch, dieser Konflikt aber wird von Differenzen innerhalb der Lager verwaschen und in seiner politischen Wirksamkeit abgeschwächt.

In Deutschland sind CDU/CSU überwiegend gegen den Beitritt, die ihnen nahe stehenden Unternehmerverbände dafür. Die SPD ist mehrheitlich, die Grünen sind geschlossen dafür. In Österreich sind die Sozialdemokraten eher noch strikter dagegen als die konservative ÖVP, die FPÖ ist ganz überwiegend dagegen, Jörg Haider dafür. In der konservativen UMP in Frankreich stehen die Auffassungen von Juppé (dagegen) und Chirac (dafür) gegeneinander.

Insgesamt scheint die Wirkung der türkischen Diaspora auf die nationalstaatliche Ebene begrenzt zu sein. Sie bewirkt zwar ein höheres Konfliktniveau, aber keine eindeutige Richtung für die Behandlung der Beitrittsfrage.

---

[31] Eine Momentaufnahme aus dem September 2004: 45% für EU-Beitritt der Türkei „in einigen Jahren", 46% dagegen. 35% der CDU-Anhänger dafür, 60% der Anhänger der SPD und der GRÜNEN dafür. (Forschungsgruppe Wahlen, Telefonbefragung vom 21. bis 23. 9. 2004; zit. nach Süddeutsche Zeitung 25./26. 9. 2004: 19)

Die geopolitische Lage

Es ist in letzter Zeit üblich geworden, – sei es mit zuversichtlichem, sei es mit resigniertem Unterton – darauf hinzuweisen, dass die Frage des EU-Beitritts der Türkei letztlich „geopolitischen Kalkülen" folgend entschieden werde. Dabei wird freilich weder ausreichend spezifiziert, worauf sich solche geopolitischen Kalküle beziehen könnten, noch wird ausreichend genau erhoben, ob denn aus den geopolitischen Kalkülen tatsächlich eindeutige Unterstützungsargumente für den Beitritt gewonnen werden. Ich sehe in der Debatte die folgenden fünf Argumente, die in geopolitische Kalküle eingehen. Da es sich um überwiegend bekannte Argumente handelt, reichen hier ein paar Hinweise. Neu ist nur der Kontext, in den ich sie stelle.

Die Türkei als Puffer zwischen der EU und dem instabilen mittleren Osten

Das Argument bewegt sich im Rahmen des klassischen Konzepts konzentrischer Kreise, also im Rahmen der Expansionslogik der EU: „Ein Beitritt der Türkei würde Europa stärken, weil die EU damit Stabilität exportieren könnte – und das ist eine Region, die wichtig für unsere Sicherheit ist." (Volker Rühe, Bild-Zeitung; zit. nach Süddeutsche Zeitung, 17. 9. 2004, S. 8).

Allerdings ist die Frage offen, ob es zur Erfüllung der Pufferfunktion einer Vollmitgliedschaft der Türkei bedarf. Das nächste Argument geht von derselben geopolitischen Konstellation aus, kommt aber zu einer genau entgegen gesetzten Schlussfolgerung.

Aber: Eine EU-Außengrenze zu einer chronisch instabilen Weltregion?

„Praktisch kein Abschnitt der 2753 km umfassenden Staatsgrenze des Landes (die Küsten nicht mitgerechnet) ist ohne Bezug zu einem Konfliktherd." (Gumpel 2004: 304) In der Regel wird daraus das Argument abgeleitet, dass eine Vollmitgliedschaft der Türkei nicht im Interesse der EU sein kann, da dies zu einer Außengrenze der EU zu einer chronisch instabilen Weltregion führt (vgl. Wehler 2004a: 66; Winkler 2004; dagegen Münkler 2004: 205; Gumpel 2004: 315). Das Argument beruht im Kern auf derselben Logik konzentrischer Kreise wie das Pufferargument, aber auf der Einschätzung, dass die Sicherheit, die ein Vollmitglied Türkei bringen kann, von der Instabilität jenseits seiner Grenzen mehr als aufgewogen wird. Diese Position impliziert, dass die Türkei nicht als Vollmitglied, sondern nur als der EU vorgelagertes, befreundetes Land einen wirksamen Puffer darstellen kann. Die Unbekannte in dieser Version des geopolitischen Kalküls ist freilich die Frage der dauerhaften Kooperationsbereitschaft der Türkei im Rahmen eines Arrangements mit der EU ohne Vollmitgliedschaft. Gleichwohl relativiert sich damit die Überzeugungskraft der Pufferfunktion als Argument für eine Vollmitgliedschaft. Und dies erst recht, wenn noch dazu argumentiert wird, dass die Türkei auch ohne Vollmitgliedschaft keine ernsthafte Alternative zu ihrer Westorientierung ins Auge fassen werde (vgl. Kramer 2004: 143).

Spekulativ lässt sich hier die Möglichkeit erörtern, dass das Muster konzentrischer Kreise noch weiter wirkt, dass also das Verhältnis zwischen der EU und der Türkei die Phasen kalkulierte Inklusion – Pufferfunktion – Vollmitgliedschaft durchläuft und die Türkei dann selbst eine Politik zur Stabilisierung ihrer Peripherie entwickelt. Die Spekulation geht in die folgende Richtung: Die Aussicht der Türkei auf Vollmitgliedschaft führt zu einer entspannteren Haltung gegenüber den Autonomiebestrebungen der Kurden, eine Tendenz, die von den USA und der EU aus unterschiedlichen Gründen unterstützt wird. Zugleich löst sich die territoriale Einheit des Irak innerhalb seiner bisherigen Grenzen auf. Im Ergebnis könnte dies dazu führen, dass sich eine kurdische territoriale Einheit – mit welchem Autonomiegrad auch immer – als Pufferzone zwischen der Türkei (bzw. der EU) und dem Irak bildet.[32] Im Rahmen des hier präsentierten Ansatzes ist zu erwarten, dass die Türkei, spätestens wenn sie eine sichere Beitrittsperspektive hat, an einer Pufferzone zum Irak ein starkes Interesse entwickeln, und dass dies zumindest zu einer ambivalenteren Haltung gegenüber kurdischen Autonomiebestrebungen führen wird.

Eine Brücke zur islamischen Welt

Bei diesem Argument geht es nicht um Integration trotz, sondern wegen der Unterschiede zwischen der EU und der Türkei. Das Argument unterscheidet sich von den bisher erörterten also darin, dass es auf ein politisch produktives Komplementaritätsverhältnis zielt. „Eine stabile, säkulare und in Europa verankerte Türkei könnte zeigen, dass Islam, Demokratie und ökonomischer Erfolg Seite an Seite existieren können." (Süddeutsche Zeitung, 18. 5. 2004) Dieses Statement des britischen Premierministers Tony Blair ist aus mehreren Gründen bemerkenswert. Zum einen handelt es sich dabei um eine Intervention gegen die weitere Vertiefung der Integration der EU, die in Gestalt eines pro-Türkei-Arguments daherkommt. Übergeht man aber solche möglichen taktischen Implikationen, so ist diese Position deshalb besonders interessant, weil hier aus der empirischen Diagnose der kulturellen Unterschiede zwischen der EU und der

---

[32] Hier könnte – sehr abstrakt gesprochen – ein ähnlicher Mechanismus wirksam werden wie bei der Anerkennungspolitik der EU (speziell Österreichs und Deutschlands) im Zuge des Zerfalls Jugoslawiens.

Türkei ein Argument für den EU-Beitritt gemacht wird. Dieses Argument wird in der Türkei-Debatte in vielen Varianten vorgetragen. Die Frage allerdings ist, wie weit das Argument realpolitisch trägt: Traditionell ist die Türkei in der arabischen Welt unbeliebt (vgl. Das Parlament, 26. 4. 2004: 13). Ansonsten handelt es sich um eine analoge Diskurskonstellation wie bei der Pufferfunktion. Die in der Debatte offene Frage ist, ob es zur Erfüllung der Brückenfunktion einer Vollmitgliedschaft bedarf (vgl. Kramer 2004: 146).

Die Kontrolle über die Pipelines aus der Kaspischen Region

Wenn ich recht sehe, wird dieser Aspekt der Beitrittsfrage öffentlich kaum diskutiert. 1994 wurde in einem „Jahrhundertvertrag" die Erschließung der Ölreserven durch ein westliches Konsortium festgeschrieben. Die Türkei bietet für das Erdgas und Erdöl aus diesem Raum den bis in die absehbare Zukunft politisch relativ stabilsten Zugang zum Mittelmeer. Seit 2001 wird das Öl auf der so genannten Südtrasse durch die Türkei zum türkischen Mittelmeerhafen Ceyhan geleitet. Der Ausbau des Pipeline-Systems steht bevor. Dieses Argument wiegt um so schwerer, je technisch und politisch unsicherer die Pipeline-Verbindungen zwischen Russland und der EU sind (vgl. Götz 2004; Abdolvand et al. 2006).[33] Hier verbindet sich die Frage einer türkischen EU-Mitgliedschaft mit der Frage der Kontrolle über diese Transportinfrastruktur und damit indirekt mit der Frage der Kontrolle der Verwertung der Erdgas- und Erdölvorkommen im vorderasiatischen Raum. Dieser Problemkreis steht in engem Zusammenhang mit der Positionierung der EU gegenüber den USA und der Rolle, welche die Türkei dabei spielt.

Die Türkei zwischen der EU und den USA

Die Türkei hat traditionell ein spezielles Verhältnis zu den USA, woraus sich nach 1989/90 „in aller Stille ein Dreier-Bündnis zwischen der Türkei, Israel und den USA" (Öztürk 2004: 25) entwickelte. Ein EU-Beitritt der Türkei entfaltet Wirkungen in diesem Dreierbündnis ebenso wie im Verhältnis zwischen der EU einerseits und den USA und Israel andererseits. Dazu kommt, dass mit dem Irak-Krieg (vgl. Kramer 2004a) und der starken Orientierung der Türkischen Außenpolitik auf den Beitritt zur Europäischen Union sich die „Dreiecksharmonie" abgeschwächt hat.

---

[33] Das Engagement der EU in der Ukraine-Krise 2004 ist auch in diesem Zusammenhang zu sehen. „Die Ukraine ist das wichtigste Transitland für den Transport von überwiegend russischem Öl und Erdgas in den EG-Raum." (Kommission der Europäischen Gemeinschaften 2004a: 25)

Mit einem Beitritt der Türkei tritt die EU in ein Arrangement ein, welches bisher das Verhältnis zwischen den USA und der Türkei maßgeblich geprägt hat: „Militärstützpunkt gegen den Irak, Modellstaat für andere islamische Staaten und Transitland zur Ausbeutung der Energiequellen der Kaspischen Region." (Öztürk 2004: 26) Daraus ergeben sich neue Abstimmungsnotwendigkeiten zwischen der EU und den USA samt der hohen Wahrscheinlichkeit von Interessenkonflikten. Die EU/USA/Türkei-Konstellation passt damit in das allgemeinere Muster von Rivalitäten zwischen den USA und der EU um Einfluss in der näheren und weiteren EU-Peripherie (dem „New Europe" in der Terminologie des US-Außenministers Rumsfeld) und insbesondere in der Mittelmeer-Peripherie der EU. Übertrieben, jedoch bezeichnend, ist die Perspektive des Ehrenpräsidenten des türkischen Unternehmerverbandes, Bülent Eczacibasi, mit der Integration der Türkei „würde die EU eine wahre Weltmacht" (Financial Times Deutschland, 12. 3. 2004. S. 16).

Die US-Position zum EU-Beitritt der Türkei ist gespalten: Für den Beitritt ist man unter dem Gesichtspunkt einer allgemeinen Festigung der Westbindung und der Behinderung der Vertiefung der Integration der EU, dagegen unter dem Gesichtspunkt der Expansion der Interessensphäre Europas. Entsprechend gibt es Anzeichen, dass die Position der Türkei zur Frage USA oder EU sich jener mancher Neumitglieder und Kandidatenländer annähert: Man möchte nicht vor die Wahl gestellt werden. „Amerika oder Europa? Das ist für uns nicht die Frage." (der AKP-Politiker Saban Disli, in: Financial Times Deutschland, 28. 1. 2004, S. 16)

Einen wichtiger Aspekt in den Beziehungen zwischen der EU und den USA ergibt sich aus dem Verhältnis zwischen der Türkei und Israel. Erstens ist dieses Thema der Sache nach relevant. Die Türkei unterhält zu Israel stabil gute Beziehungen. Daran knüpft die Hoffnung, dass dies als Muster für das Verhältnis zwischen Israel und islamischen Staaten generell fungieren könnte. Und zweitens ist dieses Thema hier aus methodischen Gründen erwähnenswert, denn es ermöglicht mir noch einmal, die Relevanz zwischen der Frage nach Unterschieden in den kulturellen Einstellungen und meiner Fragestellung zu verdeutlichen. Die Erhebung der Unterschiede in den Einstellungen ergibt, dass „8,3 Prozent in den alten EU-Ländern, 14,5 Prozent in den zehn neuen EU-Ländern, 20,2 Prozent in den beiden zukünftigen EU-Ländern (Bulgarien und Rumänien) sowie 61,9 Prozent der Türken sagen, dass sie etwas dagegen hätten, Juden als Nachbarn zu haben." (Gerhards 2004: 17) Man wird die 8,3 % in den alten EU-Ländern mindestens ebenso sehr verabscheuen wie die 61,9 % in der Türkei (wo die Frage möglicherweise anders interpretiert wurde und man in sozial erwünschten Antworten vielleicht noch nicht so geübt ist). Politisch relevant jedoch sind nicht solche kulturellen Einstellungen, sondern die besonderen politischen Beziehungen zu Israel. Damit sind wir bei der nächsten Frage angelangt.

4.2.6 Werden aus Argumenten Ursachen?

Die nächste Frage lautet: Welche Wahrscheinlichkeit besteht, dass aus der Thematisierung solcher Argumente für oder gegen die EU-Mitgliedschaft der Türkei Ursachen dafür werden, dass sie der EU tatsächlich beitritt oder nicht? In dem Theorierahmen, in dem ich mich bewege, muss diese Frage so formuliert werden: In welcher Weise sind die thematisierten Sachverhalte geeignet, auf Machtpositionen der relevanten Akteure Einfluss zu nehmen?

Um dieser Frage nachzugehen, unterscheide ich drei Akteurstypen, die im Rahmen politischer Logik handeln und ordne sie drei politischen Ebenen zu, aus denen sich Bedingungen für das Anstreben, die Reproduktion und den Ausbau von „Machtüberlegenheit" ergeben.
Es sind dies:
1. Nationale politische Eliten und insbesondere politische Parteien auf der Ebene des Nationalstaats, also der Mitgliedsländer der EU. Hier geht es um den Gewinn von Wahlen und um Unterstützung durch starke Interessengruppen.
2. Konkurrierende Staaten auf der Ebene der EU und des internationalen Systems. Hier geht es um die machtmäßige Positionierung innerhalb der EU und im internationalen System.
3. Konkurrierende Staaten und die EU auf der Ebene des internationalen Systems. Hier geht es um die Positionierung der EU in Relation zu anderen Weltmächten, insbesondere den USA und um ihr Verhältnis zur islamischen Welt.

Merke: Es ist kein Fehler in dieser Systematik, dass die EU einmal als politischer Akteur und einmal als politische Ebene auftritt. Dies hat vielmehr einen einfachen empirischen Grund: Es liegt am Status der EU zwischen Bundesstaat und Staatenbund.

Welche Aspekte sind also geeignet, politische Machtpositionen auf den drei Politikebenen, nationale Ebene, EU-Ebene und Ebene des internationalen Systems zu stärken oder zu schwächen? Ich gehe diese Frage für die drei Ebenen der Reihe nach durch.

4.2.7 Die politische Wirksamkeit der Argumente

Argumente werden politisch nur folgenreich, wenn sie für relevante politische Akteure handlungsbestimmend werden. Sie werden nur handlungsbestimmend, wenn sie sich in den Rahmen der Reproduktionsbedingungen politischer Machtpositionen einpassen lassen. Diese Reproduktionsbedingungen ergeben sich aus den institutionellen Kontexten, die je nach der Ebene von Politik variieren. Ich skizziere knapp die Kontextbedingungen auf der Ebene nationaler Politik, auf der EU-Ebene und auf der Ebene von Weltpolitik.

Die nationale Ebene: Die Reproduktionsbedingungen politischer Macht ergeben sich auf der nationalen Ebene aus den Regeln der parlamentarischen Demokratie. Auf dieser Ebene von Politik geht es also darum, in welcher Weise die Frage eines Beitritts der Türkei zur EU zum Thema in nationalen Wahlkämpfen gemacht werden kann. Folglich ist zu erwarten, dass die innenpolitische Thematisierung dieser Frage von zwei Faktoren abhängt. Ob der Türkei-Beitritt in einem Mitgliedsland der EU zum Thema innenpolitischer Auseinandersetzungen wird, hängt stark davon ab, ob es dort türkischstämmige (oder allgemeiner: muslimische) Wahlberechtigte in relevantem Umfang gibt. Wie sich unterschiedliche Parteien zu der Frage positionieren, hängt davon ab, wie sie die Chance von Stimmengewinnen und -verlusten einschätzen. Unsicherheiten in dieser Einschätzung lassen sich daran erkennen, dass der Konflikt zwischen Befürwortern und Gegnern eines Beitritts der Türkei zur EU nicht entlang dem rechts-links-Schema, sondern quer durch die Parteien verläuft. Innerhalb nationaler Parteien ist eine dominierende Position mit markanten Abweichungen charakteristisch (zum Beispiel: CDU überwiegend dagegen), fasst man europaweite „Parteienfamilien" ins Auge, findet man uneinheitliche, zum Teil einander diametral entgegengesetzte Positionen (zum Beispiel: die SPD mehrheitlich dafür, die SPÖ überwiegend strikt dagegen – Stand 2007).

Insgesamt: Von politischen Akteuren auf der nationalstaatlichen Ebene können sowohl Argumente für als auch gegen den Beitritt der Türkei in Kalküle politischer Machtreproduktion eingebaut werden. Dazu kommt die Unwägbarkeit, wie weit es in den einzelnen Mitgliedsländern möglich ist, die Türkeifrage von den nationalen Reproduktionsbedingungen politischer Macht abzukoppeln, also Referenda zu vermeiden. Das Ergebnis auf der nationalen Ebene ist somit uneindeutig.

Die EU-Ebene: Auf dieser Ebene werden mit dem Votum für oder gegen den Beitritt völlig unterschiedliche Intentionen verfolgt. Die Positionierungen auf der EU-Ebene hängen von zwei Fragen ab. Erstens, welche Rolle spielt der Widerspruch zwischen Erweiterung und Vertiefung in EU-bezogenen Kalkülen der einzelnen Mitgliedstaaten? Zweitens, als wie gravierend wird der Widerspruch zwischen Erweiterung und Vertiefung eingeschätzt?

Wie sehen typische Positionen aus? Eindeutig für den Beitritt der Türkei, weil gegen die Vertiefung im Interesse der Wahrung nationaler Souveränität, ist Großbritannien. „The Blair government had campaigned hard for enlargement as an antidote to integration." (Keyder 2004: 79) Jenseits dieser taktischen Nutzung des Widerspruchs von Erweiterung und Vertiefung gibt es eine große Bandbreite an Argumenten für den Beitritt trotz der Gefahren für die Vertiefung. Als je komplizierter die Überwindung des Widerspruchs zwischen Erweiterung und Vertiefung angesehen wird, umso weniger entschieden sind diese Befürwortungen. Eine optimistische Sicht auf die Möglichkeiten der Überwindung des Widerspruchs zwischen Erweiterung und Vertiefung geht einher mit der Befürwortung der Aufnahme der Türkei. Aber mit einer pessimistischen Sicht auf den Widerspruch zwischen Erweiterung und Vertiefung der EU ist keineswegs zwingend eine Ablehnung der Erweiterung der EU um die Türkei verknüpft. Je nach Vertiefungsinteresse wird aus dem Widerspruch ein Pro- oder ein Contra-Argument gemacht.

Insgesamt finden wir hier also: Befürwortung aus unterschiedlichen – beinahe entgegengesetzten! – Motiven, und eine Bandbreite von bedingten Befürwortungen bis Ablehnung. Das Ergebnis ist wieder uneindeutig, aber mit Tendenz zur Befürwortung des Beitritts.

Die Ebene der Weltpolitik: „Das Europa, das die Türkei einschließt, müßte Weltpolitik treiben." (Meier 2004: 37) Hier geht es um die Positionierung der EU in Relation zu anderen Weltmächten, insbesondere den USA und um ihr Verhältnis zur islamischen Welt.

A. Der Beitritt der Türkei zur EU stärkt die weltpolitische Rolle der EU um den Preis von Komplikationen im Verhältnis zu den USA. Prinzipiell ergeben sich daraus Gründe für oder gegen die Mitgliedschaft, je nachdem, was man als wichtiger einschätzt. Sobald jedoch dieses Argument um den Aspekt angereichert wird, dass die EU ohnehin nicht darum herumkommt, zunehmend Verantwortung auf weltpolitischem Niveau zu übernehmen, und dass – unter anderem darum – das Verhältnis EU-USA ohnehin dabei ist sich zu verkomplizieren, ändert sich seine Stoßrichtung: Unter dieser Bedingung erscheint die EU-Mitgliedschaft der Türkei als Voraussetzung für die angemessene Ausfüllung einer machtpolitischen Rolle auf der Ebene von Weltpolitik, um die die EU ohnehin nicht herum kommt.

B. Das Verhältnis zum Islam. Auf dieser Ebene werden kulturelle und religiöse Differenzen zwischen der EU und der Türkei als entscheidende Vorteile gesehen. Das gilt sowohl für die Vorbildfunktion der Türkei bei der Vereinbarkeit von Islam und parlamentarische Demokratie als auch für ihre Brückenfunktion zur islamischen Welt. Daraus ergeben sich im gegenwärtigen Diskurs ausschließlich Argumente pro Beitritt.

Das Ergebnis: Die Argumente, die mit Blick auf den weltpolitischen Kontext vorgebracht werden, sind eindeutig für den Beitritt der Türkei zur EU.

4.2.8 Schluss

In diesem Kapitel habe ich den Versuch unternommen, aus dem Diskurs über den Beitritt der Türkei zur EU jene Argumente zu filtern, die sich der Logik des politischen Systems einpassen lassen, von denen also angenommen werden kann, dass sie von politischen Positionsinhabern aufgrund ihres Interesses an der Erhaltung und dem Ausbau ihrer Machpositionen bevorzugt berücksichtigt werden. Derart lässt die Logik der Reproduktion von Politik eine Art Korridor des politisch Möglichen entstehen.[34] Innerhalb dieses Korridors können sonstige Motive zu Ursachen von Politik – hier: zu Ursachen der politischen Entscheidung über die EU-Mitgliedschaft der Türkei – werden: Moral, Dummheit, Werte, Eitelkeit, Sentimentalität, Mitleid. Was folgt daraus?

Der Ansatz der Theorie der Dynamik Europas, den ich zur Untersuchung der Frage nach der Wahrscheinlichkeit einer künftigen EU-Mitgliedschaft der Türkei herangezogen habe, besteht aus zwei Strängen:

Erstens geht es um den Antrieb und die Logik der Expansionsdynamik, zweitens um die Ursachen und Manifestationen des zunehmenden Widerspruchs zwischen Vertiefung und Erweiterung der EU. Die Frage des EU-Beitritts der Türkei verschärft den Widerspruch zwischen Erweiterung und Vertiefung der EU und macht das oben genannte Trilemma (vgl. Heidenreich 2003) besonders deutlich: Entweder es kommt zur Verwässerung der EU, oder es entstehen immense Kosten, oder es wird die Idee der einheitlichen Integration aufgegeben. Meine Prognose: Die Türkei wird Vollmitglied, aber mit zahlreichen Ausnahmen und Sondervereinbarungen, welche ihr Integrationsniveau in Richtung „special relationship" absenken. Warum? Für die Pertinenz des Musters konzentrischer Kreise spricht die machtpolitische Relevanz der Puffer- und Brückenfunktion der Türkei. Für prohibitive Wirkung der immensen Integrationskosten eines EU-Beitritts der Türkei spricht die Begrenztheit der Umverteilungsbereit-

---

[34] In diesem Rahmen ist die tatsächliche Wirksamkeit selbstdeklarierte „Werte" der EU zu verorten. An „Werten" geleitetes Handeln der EU gegen Interessenverfolgung auszuspielen, übersieht die strukturellen Zwänge der Logik von Politik und ist schon deshalb unangebracht, weil damit eine Grundanforderung an soziologischer Forschung verfehlt wird, nämlich Distanz zum Forschungsobjekt zu halten (daran krankt die ansonsten instruktive Arbeit von Schimmelfennig 2003). Die politische Selbstdarstellung der EU ist voll von „Werten" (zum Beispiel Art. I-2 des Verfassungsvertrages). Diese kann man zum Gegenstand nicht aber zur Voraussetzung von Forschung machen.

schaft und der Umstand, dass nicht alle Integrationskosten finanziell kompensierbar sind.

In meinem Theorierahmen ergibt sich aus der Zusammenführung der beiden eingangs vorgestellten Argumentationsstränge die folgende Konsequenz. Wenn die Erweiterung der EU an Grenzen gerät, das Interesse am Integrationsmuster konzentrischer Kreise aber bleibt, dann wendet sich dieses Muster nach innen. Das bedeutet, dass sich die EU ab einer gewissen Ausdehnung dem Muster konzentrischer Kreise folgend intern strukturiert. Im Einzelnen:

Erstens hat die Durchsicht der machtpolitischen Argumente in der Beitrittsdebatte den hohen Stellenwert des Motivs, den wohlhabenden Kern abzusichern, und des Motivs, möglichst keine direkte Außengrenze zu einer Problemregion zu haben, gezeigt. Daraus ergibt sich die Fortsetzung des Musters konzentrischer Kreise.

Zweitens hat die Beobachtung der Debatte ergeben, dass bei der politischen Abarbeitung diverser – wirtschaftlicher und sonstiger – Differenzen zwischen der Türkei und der EU Kosten erwartet werden, welche die transnationale Umverteilungsbereitschaft und Differenztoleranz überfordern. Es ist darum zu erwarten, dass sich das Integrationsmuster der EU von ihrer Expansionsdynamik löst. Die Konsequenz ist: Da sich das Muster konzentrischer Kreise nicht mehr via Expansion reproduzieren kann, wendet es sich nach innen. Das führt zu unterschiedlich tief integrierten Teilen der EU, also zu abgestufter Integration.

Drittens werden in dem Rahmen, der durch diese beiden Faktoren definiert wird, normative Argumente eine Rolle spielen: Die lange Wartezeit, die der Türkei gemachten Versprechungen, die in den Kopenhagener Kriterien enthaltene Selbstverpflichtung, die Rücksichtnahme auf den Stolz der Türkei. Dies spricht für eine längerfristige, aber sichere Perspektive auf Vollmitgliedschaft.

Die Verbindung dieser drei Argumente läuft auf die folgende Schlussfolgerung hinaus, zu welchem Ergebnis die Integration trotz Differenz führen wird: Die Türkei wird in mittlerer Zukunft EU-Mitglied werden, aber sie wird eine Vollmitgliedschaft zu deutlich abgesenkten Konditionen erlangen. Das ist der Grund dafür, dass die Beitrittsverhandlungen zwischen der EU und der Türkei wirklich Verhandlungen sein werden. Calgar Keyder (2004a: 290) begründet dies als „optimistisches Szenario" so: „Imperien benötigen Peripherien, und die variable Geometrie konzentrischer Kreise, die für die EU vorgeschlagen worden ist, wäre mit dieser Art von peripherer Inkorporation vereinbar." Die Tendenz zu einer abgestuften Integration wird im Falle der Türkei besonders augenfällig werden, aber bis der EU-Beitritt der Türkei in 10 oder auch 15 Jahren aktuell ist, wird das Muster abgestufter Integration in der EU ohnehin längst dominant geworden sein. Das wird im anschließenden Kapitel noch deutlicher werden. Es handelt von den Wirkungen der Binnendynamik der EU auf ihre Außenbeziehungen, von Expansion ohne Erweiterung.

4.3 Expansion ohne Erweiterung. Binnendynamik und Außenbeziehungen der Europäischen Union

4.3.1 Einleitung

Strategieüberlegungen zu einer neuen Nachbarschaftspolitik der Europäischen Union setzten exakt in dem Moment ein, in dem die Osterweiterung unter Dach und Fach war. In ihnen manifestiert sich die Einsicht, dass sich das bisherige Expansionsmuster der EU nicht mehr fortsetzen lässt. Das Interesse der EU an ihrer Peripherie als einer politisch und ökonomisch möglichst stabilen Pufferzone aber bleibt. Folglich ist zu erwarten, dass die EU neue Politikstrategien zur Verfolgung der Interessen ausbildet, die sich auf ihre Peripherie beziehen. Das Konzept der Europäischen Nachbarschaftspolitik (vgl. Kommission 2004; Kommission 2006; dazu Smith 2005; Kelley 2006) fügt sich dem Zentrum-Peripherie Muster. Es bietet also Gelegenheit, die Leistungsfähigkeit der hier vorgestellten Theorie der Dynamik Europas für die Erklärung der Entwicklung ihrer Außenbeziehungen zu testen. In den beiden vorherigen Kapiteln hat sich gezeigt, dass sich im Zuge der weiteren Integration und Expansion der Europäischen Union mit hoher Wahrscheinlichkeit ein Muster abgestufter Integration ausbilden und verfestigen wird. In dieser Perspektive müsste sich also zeigen lassen, dass sich auch die Gestaltung der Außenbeziehungen dem Muster abgestufter Integration fügt.

Die Außen- und Sicherheitspolitik der Europäischen Union leidet unter einem „capability-expectations gap" (Hill 1993). Eine gemeinsame Außen- und Sicherheitspolitik wird als dringend erforderlich angesehen, ist bisher jedoch nur in unzureichendem Ausmaß möglich. Diese Überzeugung entwickelte sich vor allem im Zuge des Jugoslawien-Konflikts und verstärkte sich entscheidend durch den Irak-Krieg und den damit verbundenen Konflikt zwischen den USA und der EU einerseits, sowie innerhalb der EU andererseits. Die Enttäuschungen, Kritik und Klagen drehen sich um eine gemeinschaftliche Außenpolitik; um prozessuale und substantielle Fragen der Generierung und Durchsetzung gemeinsamer außenpolitischer Inhalte. Dies aber betrifft nur einen Teilaspekt der Außenbeziehungen der EU. Denn aufgrund der spezifischen Zwischenlage der EU zwischen Staatenbund und Bundesstaat gibt es zweierlei Arten von Außenbeziehungen: Zum einen die gemeinschaftliche Außen- und Sicherheitspolitik, zum anderen die Außen- und Sicherheitspolitik der einzelnen Mitgliedsländer. Bei letzterer lässt sich wieder unterscheiden: nationale Außenpolitiken, die irgendwelchen nationalen Imperativen folgen und nationale Außenpolitiken, die sich aus der Binnendynamik der EU insgesamt ergeben. Bei nationalen Außenpolitiken, die sich aus der Binnendynamik der EU ergeben, handelt es sich also um unterschiedliche Politiken, welche auf eine strukturell gleiche Ursache zurückzuführen sind. Es handelt sich um Politiken, die ihre Genese einer gemeinsamen Logik verdanken, sich aber inhaltlich von Mitgliedsland zu Mitgliedsland unterscheiden. Die Binnendynamik der sich integrierenden EU bringt Ursachen für Politiken hervor, die in den einzelnen Mitgliedsländern zu unterschiedlichen Ergebnissen führen.

Die Frage, der ich im Folgenden nachgehe, lautet: Wie lassen sich die Wirkungen der Binnendynamik der EU auf die Entwicklung ihrer Außenbeziehungen fassen? Es geht dabei einerseits um die Beziehungen der EU-Mitgliedsländer zu den Nachbarländern der EU, andererseits um die Gestaltung des Verhältnisses zwischen der EU und den USA, insofern sich auch deren spezifische Interessen auf diese Länder beziehen. Insofern geht es also implizit um einen wichtigen Aspekt der Positionierung der EU in der Welt.

4.3.2 Außenwirkungen der Binnendynamik

Die Frage nach den Wechselwirkungen zwischen der Binnendynamik und den Außenbeziehungen der EU lässt sich im Rahmen der Theorie der Dynamik Europas sinnvoll analysieren. Ich greife das Grundargument dieser Untersuchung noch einmal auf und skizziere es hier so knapp wie möglich.

Die Europäische Union entwickelt sich nach dem Muster konzentrischer Kreise (vgl. auch Trenin 2003). Der wohlhabende Kern der EU hat ein starkes Interesse an einer abgestuft integrierten Peripherie. Dieses Interesse manifestiert sich in zweierlei Politiken: Zum einen hat sich eine Politik der kalkulierten Inklusion der Peripherie, zum anderen eine Politik der abgestuften Exklusion durch die sukzessive Außenverlagerung von Zutritts-Barrieren entwickelt. Diese Politik wird realisiert durch Handelsabkommen, Assoziationsabkommen, Aufbauhilfen und letztlich durch die Perspektive einer zukünftigen EU-Vollmitgliedschaft einerseits, durch die Verpflichtung der Peripherie auf Kontrolle ihrer Außengrenzen, Finanzhilfen bei der technischen Aufrüstung dieser Grenzen und Rücknahmeverpflichtungen von Migranten andererseits. Das Kooperationsmotiv der Peripherie im Rahmen des Politikmusters kalkulierter Inklusion und abgestufter Exklusion besteht in der Erwartung zukünftiger Vollintegration in den Wohlstandskern der EU. Die abgestufte Integration durch schrittweise Erweiterung funktioniert so lange, wie die Erwartung zukünftiger

Erweiterung plausibel ist, solange die Staaten des „frontier belt" (Gowan 2002: 34) realistisch zwei Erwartung hegen können: Sie werden mit der Zeit immer mehr in den Wohlstandskern der EU integriert; und an ihrer Außengrenze entwickelt sich eine neuer „belt". Dieser Integrationsmodus ist also stabil, wenn sich der Expansionslogik in geographischer, machtpolitischer, organisatorischer und ökonomischer Hinsicht ausreichend Raum bietet. Probleme entstehen, sobald die Expansion an Grenzen stößt. Dies ist aktuell der Fall und hat mehrere Gründe: Der geographische Raum, in dem noch einigermaßen plausibel von „Europa" die Rede sein kann, ist fast ausgeschöpft. Starke geopolitische Interessen stehen einer problemlosen Expansion der Interessensphäre Europas entgegen. Die Kapazitäten der EU zur organisatorischen Verarbeitung der Vielzahl und Vielfalt an Mitgliedern ist begrenzt. Mit den Differenzen an wirtschaftlicher Leistungsfähigkeit zwischen den EU-Mitgliedsländern steigen die Kosten des Politikmodus Integration und Erweiterung. Sobald diese Konstellation eintritt, beginnt sich das Interesse des wohlhabenden Kerns in anderer Weise durchzusetzen. Das Muster der konzentrischen Kreise wird beibehalten, aber mangels weiterer Expansionsmöglichkeiten wendet es sich nach innen. Dadurch entsteht eine Konstellation, in der der wohlhabende, hoch integrierte Kern von einer Peripherie umgeben ist, die keine plausible Erwartung zukünftiger Vollintegration mehr haben kann. Damit fällt das zentrale Motiv der Peripherie, mit der EU im Politikmodus von Integration und Erweiterung zu kooperieren, weg. Damit setzt sich offensichtlich in der EU-politischen Praxis die Überzeugung durch, dass das Politikmuster von Integration und Erweiterung an Grenzen stößt. Dafür spricht zum einen, dass all jene Vorschläge und Konzepte starken Auftrieb bekommen haben, die eine differenzierende Integration befürworten und darum auf ein Muster abgestufter Integration der EU hinauslaufen, zum anderen all jene Überlegungen zur Europäischen Nachbarschaftspolitik, die darauf hinauslaufen, die weitere Expansion der Interessensphäre Europas zwar fortzusetzen, den Ländern der weiteren Peripherie aber keine spätere Vollmitgliedschaft in der EU mehr in Aussicht zu stellen (vgl. Commission of the European Communities 2003).

Die programmatische Idee eines „Kerneuropa" wurde schon in den 80er Jahren entwickelt (vgl. Grabitz 1984). Die Idee einer Europa-policy der „flexible integration" folgte später und war als Alternative dazu gedacht (vgl. Aggestam 2000: 73ff.) Diese Konstellation samt dem generellen Theoriedefizit solcher Policy-Entwürfe dürfte es den Protagonisten der „flexible integration" schwer machen einzusehen, dass ihre Realisierung auf das Muster konzentrischer Kreise – also ungewollt auf ein „Kerneuropa" – hinauslaufen wird. Dass dies wahrscheinlich ist, hat den folgenden Grund.

Alle Formen differenzierter Integration laufen darauf hinaus, dass unterschiedliche Gruppen von Mitgliedsländern in Bezug auf unterschiedliche Politikbereiche unterschiedlich tief integriert sind. Dieser Integrationsmodus ist für die Gesamtkohärenz der EU nur unter der Bedingung unschädlich, dass unterschiedliche Integrationsprozesse tatsächlich nur entlang unterschiedlicher Politikfelder stattfinden und sich nicht zu einem stabilen geopolitischen Muster verfestigen. Denn nur wenn unterschiedliche Länder in unterschiedlichen Politikfeldern unterschiedlich tief integriert sind, sind Ausgleichsprozesse im Zuge der zukünftigen Integrationsdynamik wahrscheinlich; und nur unter dieser Bedingung gerät keine Mitgliedergruppe in der EU in einen generellen Integrationsrückstand. Es bestehen jedoch Zweifel daran, ob es tatsächlich zu einer Integrationskonstellation sich vielfach überlappender politikfeld-spezifischer Integrationsprozesse kommen wird, die darum für den Integrationsprozess insgesamt kein Problem darstellen. Vor dem Hintergrund des Entwicklungsmodells konzentrischer Kreise lautet die Prognose für die tatsächlichen Resultate der differenzierenden Integration: Die Integration wird nicht nach Politikfeldern quer zu den Mitgliedsländern sondern nach Politikfeldern und Ländergruppen stattfinden. Manche Länder integrieren sich tiefer und in wichtigeren Politikfeldern als andere. Das ist die Praxis, in der sich das Muster konzentrischer Kreise nach innen durchsetzt: Die Mitgliedsländer im Kern der EU sind in den wesentlichen Politikfeldern tiefer integriert als die Mitglieder weiter draußen. Der differenzierende Integrationsprozess der EU wird zu keinem Geflecht unterschiedlich integrierter Teilmengen an Mitgliedsländern, sondern zu einer abgestuften Integration entsprechend dem Muster konzentrischer Kreise führen.

Die Expansion der EU entwickelte sich nach dem Muster konzentrischer Kreise. Antrieb für dieses Entwicklungsmuster ist die sich aus der Zentrum-Peripherie-Konstellation ergebende Interessenkonstellation. Die wohlhabende Kernzone ist daran interessiert, die Problemimporte aus ihrer Peripherie möglichst gering zu halten und darum um die ökonomische und politische Stabilisierung ihrer Peripherie bemüht. Die Peripherie ist daran interessiert, an das Zentrum heranzurücken, um an seinem Wohlstand zu partizipieren. Diese Interessen halten sich auch im Verhältnis zwischen der EU und ihrer Peripherie jenseits des Kreises potentieller Beitrittskandidaten durch. Es ist darum anzunehmen, dass diese Interessenkonstellation auch das Verhältnis zwischen der EU und ihrer Peripherie jenseits einer Beitrittsperspektive strukturiert.

Die Gestaltung der politischen Beziehungen zwischen der EU und ihrer Peripherie jenseits von Heranführung und späterer Vollmitgliedschaft ist Gegenstand der Europäischen Nachbarschaftspolitik. Mit der Osterweiterung 2004 und der zunehmenden Verbreitung der Überzeugung, dass das Potential für weitere Erweiterungsrunden weitgehend ausgeschöpft ist, haben die programmatischen und strategischen Anstrengungen um die Entwicklung einer Politik gegenüber der Peripherie, die nicht mehr in Vollmitgliedschaft mündet, deutlich zugenommen. Dies stellt einen Paradigmenwechsel in der Politik der Expansion der Interessensphäre Europas dar. Bisher beruhte die Politik der EU gegenüber ihrer Peripherie auf einem politischen Tausch des Inhalts: Die Peripherie übernimmt eine Pufferfunktion auf Zeit und erhält dafür die Perspektive auf spätere Vollmitgliedschaft. Die EU versuchte also die Probleme ihrer Peripherie dadurch zu lösen, dass sie diese integrierte, aus Außenpolitik EU-Innenpolitik machte. Nun werden Arrangements unterhalb der Vollmitgliedschaft, also unterschiedliche Formen von special relationship, entwickelt und angeboten. „Die Vision der Europäischen Nachbarschaftspolitik ist ein Ring aus Ländern, die die grundlegenden Werte und Ziele der EU teilen und in eine zunehmend engere Beziehung eingebunden werden, die über die Zusammenarbeit hinaus ein erhebliches Maß an wirtschaftlicher und politischer Integration beinhaltet." (Kommission der Europäischen Gemeinschaften 2004: 5)

4.3.3 Die Bedeutung der Nachbarschaft

„Neighbourhood matters" – Im Folgenden geht es darum zu zeigen, dass die Außenpolitik der EU gegenüber ihren unterschiedlichen Peripherie-Regionen primär von Initiativen der geographisch nahe liegenden Mitgliedsländern beeinflusst wird (vgl. generell Smith 2002). Im Wesentlichen geht es dabei um die folgenden Regionen: Die südliche Peripherie, die östliche Peripherie, die nordöstliche Peripherie und die süd-östliche Peripherie.

Die südliche Peripherie

Die Außenpolitik und schrittweise EU-Erweiterung in Richtung der südlichen Peripherie hat die längste Tradition. Frankreich hat sich, schon wegen seiner kolonialen Vergangenheit, bereits vor der Süderweiterung der Europäischen Gemeinschaft als europäischer Anwalt der Maghreb-Zone verstanden (vgl. Blunden 2000: 38f.). Zugleich gab es freilich eine gemeinsame Politik der EWG gegenüber dem Süden Europas: Das tragende Motiv für die Integration der Ex-Diktaturen Griechenland (1981), Portugal und Spanien (1986) war die Herstellung von Stabilität im Südgürtel Europas durch Stabilisierung der neuen Demokratien und durch Unterstützung ihrer ökonomischer Modernisierung.

In dem Maße, in dem sich die südlichen EWG-Mitglieder konsolidierten, rückten sie näher an das Wohlstandszentrum Europas. Durch die unmittelbaren außen- und sicherheitspolitischen Interessen Spaniens geriet gleichzeitig die nordafrikanische Peripherie Europas endgültig in den Fokus der außen- und sicherheitspolitischen Aufmerksamkeit der EU. „During the 1990s, Spain was able, in the context of the end of the Cold War, to secure an influential role within the EU's pro-Mediterranean lobby and to promote a more effective EU strategy towards the region that would adress the concerns of Spanish foreign and security policy." (Kennedy 2000: 121) Parallel dazu wurde die Politik Portugals „mediterranized" (Magone 2000: 164, 172). Das bedeutet, Portugal wendete seine Politik von ihrer traditionellen Überseeorientierung in Richtung der Mittelmeer-Region, also in Richtung der relevanten EU-Peripherie. Konsequenz davon war, dass Portugals Außenpolitik das dominante Muster von Integration und Erweiterung der EU übernahm.

In der Folge der Süd-Erweiterung und mit der zunehmenden Integration der EU ab dem Ende der 80er Jahre des 20. Jahrhunderts kommt es zu einer Verschiebung des Expansionsmusters nach Außen: In den 90er Jahren hat sich Spanien zum „most prominent member of the EU's Mediterranean lobby" (Kennedy 2000: 119) entwickelt und die Rivalität zu der insbesondere von Deutschland betriebenen Ost-Orientierung der EU verstärkt. Dies ist das Textbuch-Beispiel für eine außenpolitische Konstellation der EU, die sich aus ihrer Binnendynamik ergibt. Die Politiken der einzelnen EU-Länder gegenüber ihren jeweiligen Nachbarn folgen zwar ein und derselben Logik, haben aber unterschiedliche Inhalte und erzeugen darum Interessengegensätze zwischen den Mitgliedsländern. Keine solide Vorstufe einer tatsächlich „gemeinsamen Sicherheits- und Außenpolitik" der EU!

Die Politik der nunmehr selbst bereits alten südlichen EU-Mitglieder läuft also auf die Fortsetzung der Politik der kalkulierten Inklusion einen Ring weiter außen hinaus: Dabei geht es um Versuche der Stabilisierung der südlichen Nachbarn Europas durch den Barcelona-Prozess, um (halbherzige) Handelsabkommen mit nordafrikanischen Staaten und um die Vorverlagerung der Grenzkontrollen. Äußerste Ausläufer dieser Vorverlagerungspolitik sind in den Vorschlägen zu sehen, den Ländern der Dritten Welt, die bei der Bekämpfung illegaler Migration nicht mit der EU kooperieren, Finanzhilfen zu kürzen, sowie in den Plänen in Nordafrika Auffanglager für illegale Migranten zu errichten (vgl. Süddeutsche Zeitung 21., 22. 6. 2003, S. 7; Prantl 2004).

Die östliche Peripherie

„Germany's national interest with respect to NATO enlargement is relatively clear: Germany wants the limits of the West to be drawn not along the Oder but the Bug. The risk of border crises sparked by instability in Eastern Europe must be reduced to a minimum, given Germany's location at the centre of Europe."

(Létourneau, Hébert 1999: 110) Die Politik konzentrischer Kreise nach Osten war Jahrzehnte lang vom Ost-West-Konflikt überlagert und blockiert. Die Wichtigkeit der geographische Nähe wurde dann aber beinahe über Nacht sichtbar: Mit dem Fall des eisernen Vorhangs und mit der Wiedervereinigung – zugleich ein Stück vorweggenommene Osterweiterung der EU – wurde Deutschland zum Promotor der Osterweiterung und zum Advokaten der EU-bezogenen Interessen der ersten Reihe der Beitrittskandidaten Mittel- und Osteuropas (vgl. Létourneau, Hébert 1999: 111).

Analog wirkt die geopolitische Lage auf die Außenpolitik Österreichs, freilich mit stärkerem Schwerpunkt auf Südosten. Österreich war einer der Promotoren der völkerrechtlichen Anerkennung Sloweniens. Die Förderung eines eigenständigen Staates als Puffer gegenüber der Instabilität auf dem Balkan beschleunigte zugleich den Zerfall Jugoslawiens und damit die Instabilität der ganzen Region. Österreich versuchte, insbesondere im Zuge seiner EU-Präsidentschaften, die Osterweiterung voranzubringen, ist im Kosovo etc. relativ stark engagiert (vgl. Phinnemore 2000: 218), und versteht sich als Anwalt der Beitrittsinteressen Kroatiens.

Die erste Runde der Osterweiterung der EU belastet die Beziehungen der neuen EU-Mitglieder zu ihren östlichen Nachbarn. Zum einen entsteht in der nunmehr neuen EU-Peripherie das allgemeine Gefühl, zurückgesetzt zu sein und den Anschluss an den wohlhabenden Westen vielleicht für immer zu verpassen. Diese Sorge wird eindrucksvoll dokumentiert in einem Beitrag von Mungiu-Pippidi (2004: 61): „As for the rest of wider Europe, the risk exists that it will fall farther behind in development, which would impede the accession process and create new lines of division within Eastern Europe. Such a development must be prevented at any cost." Zum anderen stört die Verlagerung der EU-Außengrenze auf die Grenze zwischen Neumitgliedern und deren Nachbarn traditionelle Kooperationsbeziehungen. „The immediate consequences of EU border policies in CEE are disruption of bilateral relationships and regional economic integration, which have important implications for stability and security in the region." (Grabbe 2002: 81; vgl. Sherr 2003: 119) Als Konsequenz ist die EU mit dem Problem konfrontiert, Belarus, Ukraine, Georgien etc., von denen zumindest einige keine realistische Beitrittschance zur EU haben, als EU-externe Peripherie zu stabilisieren. Dementsprechend engagierte sich die EU und insbesondere Polen stark in der Krise der Ukraine nach den Präsidentschaftswahlen im November 2004.

Die nordöstliche Peripherie

Der Beitritt der Nord-Mitglieder Mitte der 90er Jahre verschärfte die Verteilungskonflikte zwischen dem Süden und dem Osten/Norden der EU. Das Interesse Skandinaviens richtete sich vor allem auf die Integration des Baltikum (vgl. Ozolina 2003). Finnlands Politik ist gekennzeichnet durch besondere Bemühungen um kooperative Beziehungen zu Russland (vgl. Wallace 2003: 55, 56). Die schwedische Politik orientiert sich generell etwas mehr in Richtung der mittel- und osteuropäischen Reformstaaten (vgl. Miles 2000: 197). Dänische Politiker sahen sich vor allem als Anwälte der Integration der Baltischen Staaten in die EU (vgl. Tonra 2000: 239). Für alle drei skandinavischen Länder bedeutete die EU-Mitgliedschaft eine Aufwertung ihrer Politik gegenüber ihren EU-externen Nachbarn. Diese Aufwertung ergibt sich teils implizit, teils ist sie Ergebnis eines expliziten EU-Mandats bezüglich Russland. Ein solches Mandat steht deshalb jenseits der regionalen Rivalitäten innerhalb der EU, weil die „special relationship" mit Russland aufgrund ihrer globalen Bedeutung die EU als Ganze betrifft, und weil eine schrittweise Integration Russlands in die EU ohnehin nicht in Frage kommt.

Die speziellen Probleme, die sich aus der Osterweiterung für die Beziehungen zwischen der EU und Russland ergeben, wurden erst in den Wochen unmittelbar vor dem 1. Mai 2004 geklärt. Dabei ging es einerseits um spezielle Regelungen für Kaliningrad, das durch den EU-Beitritt Litauens und Polens zu einer russischen Enklave in der EU geworden ist. Und andererseits um die Entwicklung spezieller Beziehungen zwischen der EU und Russland – jenseits des Konzepts der „special relationship", wie es mit der Europäischen Nachbarschaftsstrategie entwickelt wurde.

Die südöstliche Peripherie

Die südöstliche Region Europas weist mehrere Besonderheiten auf. Die gegenwärtige EU-Außengrenze ist zugleich die Grenze des wohlhabenden, politisch aber relativ schwachen Mitgliedslandes Österreich. Allerdings hat es Österreich in den 90er Jahren rasch, noch vor der eigenen EU-Mitgliedschaft (1995), geschafft, Slowenien als Puffer zwischen sich und den unruhigen Balkan zu bringen.[35] Eine weitere Besonderheit kommt hinzu: Jenseits der instabilsten und kompliziertesten Peripherie-Region der EU befindet sich noch ein EU-Mitglied, Griechenland. Griechenland hatte bis zum Beitritt von Bulgarien (1.1.2007)

---

[35] Österreich grenzt, anders als Gowan (2002: 29) annimmt, nicht an Kroatien.

keine Grenze mit einem anderen EU-Mitglied (Kavakas 2000: 144) und ist ein ökonomisch schwacher Spieler mit starken politischen (Sonder-)Interessen.

Zum einen: Der unmittelbare territoriale Aspekt der kalkulierten Inklusionspolitik der Peripherie funktioniert hier im Grunde in alle Richtungen. Die Europäische Union hat eine Balkanlücke. Die Integration des Westbalkans ist darum kein Expansionsschritt der EU nach dem Muster konzentrischer Kreise, sondern eher das Schließen einer Lücke, allerdings einer Lücke von großer stabilitäts- und geopolitischer Bedeutung für die EU. „Ohne den Balkan ist die europäische Familie nicht vollständig." (Kostas Simitis; Süddeutsche Zeitung 23. 6. 2003, S. 7) Das hat zur Konsequenz, dass Griechenland (und zunehmend Italien) in eine Schlüsselposition für die weitere Entwicklung der Problemregionen des Westbalkans geraten. Kennzeichen der Situation ist freilich, dass die Integration des Balkans bis zur Vollmitgliedschaft geopolitisch plausibel und im Interesse der EU erscheint, dass aber der politische und wirtschaftliche Entwicklungsrückstand immens ist. Die EU-Politik gegenüber dem Westbalkan zeigt bereits alle Zeichen des Politikmodus der kalkulierten Inklusion. „Aus bloßen Assoziierungs- wurden im Mai 1999 die Stabilisierungs- und Assoziierungsabkommen mit Beitrittsperspektive." (Van Meurs 2003: 35) Bestrebungen, die Politik der Schließung der Balkanlücke zu beschleunigen, konnte man in dem Versuch Deutschlands sehen, Kroatien in eine Reihe mit Rumänien und Bulgarien zu rücken. (Financial Times Deutschland, 31. 10. 2003, S. 13) In einem gewissen Sinn wurde damit der Begriff „Westbalkan", der geprägt worden war, um die Beitrittsbemühungen Rumäniens und Bulgariens von denen der instabilen Nachfolgestaaten Jugoslawiens abzukoppeln, rückgängig gemacht. Kroatien hat den Antrag auf Mitgliedschaft in der EU im März 2003 gestellt, am 20. 4. 2004 hat die Kommission die Aufnahme von Beitrittsverhandlungen mit Kroatien empfohlen. Mazedonien hat den Antrag auf EU-Mitgliedschaft im Jahr 2004 gestellt.

Zum anderen: Anders als in allen anderen Peripherieregionen der EU bestehen zwischen dem EU-Mitglied Griechenland und dem Nachbarn Türkei keine stabil kooperativen Beziehungen. Die griechische Position gegenüber der Türkei schwankt zwischen traditioneller Feindschaft einerseits und der Wirksamkeit des Mechanismus konzentrischer Kreise, der Griechenland zum Anwalt der Türkei in der EU macht, andererseits. Erschwerend kommt die Zypernfrage hinzu sowie der Umstand, dass die Türkei als Pufferregion eine ganz besondere geopolitische Bedeutung für die EU insgesamt hat. Das bedeutet, dass die Türkei dazu tendiert, diese Rolle stark zu betonen (vgl. Cem 2001), und dass Griechenland besonderem Druck seitens EU- (und US-) Interessen ausgesetzt ist.

Aufgrund ihrer geographischen Lage und kulturellen Konstellation ist die Türkei ein strategisch wichtiges NATO-Mitglied und befindet sich darum im unmittelbaren Interessenbereich der USA. Die USA interveniert laufend zugunsten einer türkischen EU-Mitgliedschaft in der Absicht, die Türkei stabil in westliche Bündnisstrukturen einzubinden und mit dem (beabsichtigten?) Effekt, das Dilemma der EU gegenüber der Türkei noch zu verstärken. Hier zeichnet sich das Muster der EU-US-Rivalität bezüglich der Peripherie der EU ab: Die EU-Expansion nach dem Muster konzentrischer Kreise berührt US-Interessen. Interventionen der USA an/in den Peripherie-Ländern Europas beruhen auf dem strategischen Aufgreifen der Frustrationen, welche aus dem konzentrischen Muster der EU für die Peripherie entstehen.

4.3.4 Außenbeziehungen

Das Interesse der jeweiligen Rand-Mitglieder der EU an Stabilität ihrer Peripherien begründet ein identes Politikmuster: kalkulierte Teilinklusion, angetrieben von der Logik „eigennützige Hilfe". Aber die speziellen Interessen der einzelnen Rand-Mitgliedsländer führen zu unterschiedlichen territorialen Schwerpunkten: Spanien und Portugal argumentieren für den Schwerpunkt auf Nordafrika. Deutschland, Österreich haben Spezialinteressen an der Förderung des Ostens und Südostens; Skandinavien fördert die Interessen des Nordostens. So führt die idente Logik, welche die Politik antreibt zu unterschiedlichen Politikinhalten und darum zu Interessenkonflikten innerhalb der EU: Da die Politik eigennütziger Hilfe in jeglicher Form (Freihandel, Assoziationsabkommen, PHARE, spätere Mitgliedschaft etc.) Geld kostet, kommt es zu Rivalitäten der EU-Rand-Mitglieder um knappe Fördermittel für die eigenen strukturschwachen Gebiete[36] und für ihre strategisch relevanten Nachbarn (vgl. Calingaert 1996: 91 ff.). Im Zuge der Osterweiterund manifestierte sich dies vor allem im Konflikt Süd versus Ost/Nord. Zum Beispiel: „France epoused European initiatives in the Mediterranean to counterbalance the slippage of the European centre of gravity towards the north-east as a result of the enlargement process, to find some small financial counterbalance to the financial expenditure of the EU in Eastern Europe and to mount more effective competition to the dominant American position in the region." (Blunden 2000: 39) Eine ähnliche Konstellation hatte sich davor schon bei der Frage der Osterweiterung der NATO ergeben. Mitte der 90er Jahre stand in Frankreich ein Junktim zwischen einer grundlegenden NATO-Reform und der Zustimmung zu ihrer Osterweiterung zur Debatte. Der

---

[36] Dazu ein Beispiel für den Aufbau einer Drohkulisse im Verteilungskonflikt Süd versus Ost: „Sollte es zu finanziellen Einbußen für den Mezzogiorno kommen, wird sich Italien für eine Verzögerung der Osterweiterung einsetzen." (Wirtschafts- und Finanzminister Giulio Treminti. In: Financial Times Deutschland, 18. 5. 2001, S. 11)

damalige Außenminister Hervé de Charette musste schließlich einlenken und die Länder Mittel- und Osteuropas beschwichtigen, man wolle die NATO-Erweiterung nicht als Geisel zur Erzwingung einer NATO-Reform machen (Le Figaro 10. 6. 1996, zit. nach Plantin 1999: 101).

Die konkurrierenden Interessen der EU-Mitglieder werden im Wechsel der Ratspräsidentschaften besonders deutlich: Die einheitliche Logik, welche die Politik der EU-Mitglieder gegenüber ihren äußeren Nachbarn anleitet, führt zu unterschiedlichen geographischen Schwerpunkten und damit zu Konflikten. Von Ratspräsidentschaft zu Ratspräsidentschaft gibt es ein Tauziehen um die Prioritäten: Südliche Ratspräsidentschaften versuchten die Mittelmeerpolitik auf der EU-Agenda nach vorne zu schieben, Deutschland und Österreich die Osterweiterung, Skandinavien das Verhältnis zum Baltikum und Russland. Insbesondere den kleinen EU-Mitgliedern eröffnen Ratspräsidentschaften die Chance, ihre eigenen geopolitischen Interessen als EU-Interessen zu forcieren. Die im Jahr 2003 aufeinander folgenden Ratspräsidentschaften von Griechenland[37] und Italien verhalfen der Integration des Balkans auf einen vorderen Platz auf der politischen Agenda der EU (vgl. Van Meurs 2003). Der kroatische Außenminister bezeichnete die griechische Ratspräsidentschaft als hilfreich für den Fortschritt auf dem Balkan und für die kroatischen EU-Ambitionen (EuroNews, 21. 6. 2003).

Die sukzessive Expansion der EU nach dem Muster konzentrischer Kreise war bisher für die Stabilität und Dynamik der EU ausschlaggebend. Diese Politik der kalkulierten (Teil-)Inklusion der Peripherieländer als cordon sanitair stößt nun jedoch an Grenzen. Daraus ergeben sich neue Probleme für die Außenpolitik der EU – einerseits Probleme mit den Nachbarländern, die mit Vollinklusion nicht mehr rechnen können; und andererseits mit intervenierenden Dritten, insbesondere mit den USA.

Realistische Expansionsmöglichkeiten innerhalb Europas gibt es nur im Osten. Im Südosten Europas bestehen, abgesehen von der Schließung der Balkan-Lücke, keine echten Erweiterungschancen der EU. Die Türkei repräsentiert den interessanten Sonderfall, dass die EU über die geographischen Grenzen Europas ausgedehnt werden muss und wird.

Damit gerät die Frage auf die Tagesordnung, wie die Stabilitätsinteressen der Außenmitgliedsländer der EU anders als durch die sukzessive Vollintegration ihrer Peripherie befriedigt werden können. Das lässt sich daran erkennen, dass die Neumitglieder der EU bereits unmittelbar nach ihrem Beitritt am 1. Mai 2004 sich dem Thema möglicher Beitritte ihrer Peripherie zuwendeten. Das Politikmuster, dass EU-Außenmitgliedsländer Anwaltschaft für die Beitrittsinte-

---

[37] Vgl. auch Greek Presidency Priorities for the Western Balkans. Athen, 13. 1. 2003. http://www.eu2003.gr/en/articles/2002/12/9/1177/. (Zit. nach Van Meurs 2003: 39)

ressen ihrer Peripherie übernehmen, hat also die Tendenz, sich fortzusetzen. Die Expansionsdynamik, die sich damit prolongiert, geht freilich mit zunehmenden Integrationsproblemen einher. Denn mit jeder Erweiterungsrunde nimmt die wirtschaftliche, politische und kulturelle Heterogenität der EU (vgl. Gerhards 2004) in solchen Formen zu, die sich kaum in kooperative Relationen zueinander bringen lassen. Der EU-interne Kooperationsaufwand steigt mit der Heterogenität und der Zahl der Mitglieder exponentiell.

Das politische Anerkenntnis der Grenzen der Erweiterbarkeit wird von der EU in die Rede von der „special relationship" gefasst – sowohl gegenüber dem Süden als auch gegenüber dem Nordosten, vor allem gegenüber Russland und einigen post-sowjetischen Staaten. Die Wider-Europe-Strategy wurde entwickelt, kaum dass die Osterweiterung feststand. Ihr Ziel war es, „to develop a zone of prosperity and a friendly neighbourhood – a ring of friends – with whom the EU enjoys close, peaceful and cooperative relations." (Commission 2003: 4) Im Gegenzug bot die EU den Ländern, die den „ring of friends" bilden sollen, an: „Russia, the countries of the Western NIS[38] and the Southern Mediterranean should be offerend the prospect of a stake in the EU's Internal Market and further integration and liberalization to promote the free movement of – persons, goods, services and capital (four freedoms)." (Ebd.) Die „Wider Europe"-Strategie wurde zur Europäischen Nachbarschaftspolitik weiterentwickelt, und die Angebote der EU gegenüber ihrer Peripherie wurden präzisiert (vgl. Kommission 2006). Gleichwohl stößt sie bei einigen ihrer östlichen Nachbarn auf Kritik. Einige in die Europäische Nachbarschaftspolitik einbezogenen Länder wollen nicht für immer von der Perspektive auf eine Vollmitgliedschaft ausgeschlossen werden: „Es gibt für uns keine andere Richtung als die in die Europäische Union." (Kostjantin Grischtschenko, Außenminister der Ukraine. Süddeutsche Zeitung 17. 2. 2004, S. 7) In Reaktion darauf entwickeln sich in zahlreichen Ländern Beitrittsdiskurse, die von der (west-)europäischen Öffentlichkeit bisher kaum wahrgenommen werden. In der Verlängerung der geographischen Perspektive des Beitritts von Zypern werden Beitrittsmöglichkeiten von Israel und Palästina erörtert; (unter anderem) mit dem Hinweis darauf, dass es sich um Mitglieder des Europarats handelt, wird eine Beitrittsperspektive für Georgien, Armenien und Aserbeidschan gefordert.

---

[38] „Newly Independent States (Armeniea, Azerbaijan, Belarus, Georgia, Turkmenistan, Kazakhstan, Kyrgystan, Moldova, Tajikistan, Ukraine, Uzbekistan)".

4.3.5 Die Europäische Union und die USA

Zu diesen Problemen des Abbremsens der Expansionsdynamik der EU kommen Probleme für die Neuformulierung des Verhältnisses zwischen der EU und den USA. Die USA haben ambivalente Interessen an der EU-Entwicklung. Einerseits kommt ihnen die Ausbreitung einer stabilen Westorientierung möglichst großer Teile Europas durchaus entgegen. Andererseits aber gibt es Potential für Rivalitäten zwischen der EU und den USA überall dort, wo die Expansion der EU in Form ihrer neuen Nachbarschaftspolitik vitale Interessen der USA berührt. Dies betrifft vor allem die Verbindungen zwischen den Erdöl produzierenden Ländern des Mittleren Ostens und der Kaspischen Region und den Mittelmeerhäfen, also die Türkei, und den nordafrikanischen Altantikhäfen, also die nordafrikanischen Mittelmeerstaaten.[39] Ebenso müssen die USA eine tief integrierte EU ablehnen, die zu einem ökonomischen Machtblock[40] mit einer einheitlichen Währung führt, die das Potential zur alternativen Weltreservewährung (vgl. Europäische Kommission 1997: 17) hat, und die ein eigenes außen- und sicherheitspolitisches „Grand Design" entwickelt.

Die Politik der Erweiterung der Interessensphäre einer tief integrierten EU kollidiert jedenfalls in einzelnen Abschnitten der EU-Peripherie mit US-Interessen. Genauer: Die Politik der jeweiligen EU-Mitglieder und der EU insgesamt gegenüber den jeweiligen Nachbarländern trifft auf die US-Interessen bezüglich dieser Länder.

Die südliche Peripherie

Mit den Interessen der USA in der südlichen Peripherie der EU ist traditionell vor allem Frankreich konfrontiert, auf Grund seines traditionellen Selbstverständnisses als Gegengewicht zu den USA, und einfach aus Gründen der geographischen Nähe. „France, more than any other country, has an interest in seeing this partnership succeed, as a means of maintaining her rank and influence, of balancing German dominance in Eastern and central Europe, and of reestablishing the link between the Maghreb and the Mashreq at the expense of the United States, in the classic tradition of de Gaulle." (Blunden 2000: 40) Die Südregion ist ein besonders anschauliches Beispiel für die Entwicklung der EU

---

[39] Andeutungen dazu findet man im Länderbericht Marokko der „European Neighbourhood Policy" (Commission of the European Union 2004: 17, 20)

[40] Schon Mitte der 90er Jahre nimmt der ehemalige US-Diplomat und Europapolitische consultant Michael Calingaert (1996: 179. 180) die entstehende Währungsunion zum Anlass, um mit Blick auf die sich konsolidierende Machtposition Europas zu bemerken, dass „it must be presumed, if not required, that the participants will merger their IMF memberships into a single membership of the group."

nach dem Muster konzentrischer Kreise. Die erste Süderweiterung (1981/1986) erfolgte generell aus Gründen der politischen Stabilisierung der neuen Demokratien in Griechenland, Spanien und Portugal.

Die Politik konzentrischer Kreise, die zur Expansion der Interessensphäre der EU nach Süden führt, geriet in jüngster Vergangenheit in starke Rivalität zu US-Interessen. Im Mai 2003 wurde der Plan der Bush-Regierung publik, bis zum Jahr 2013 eine Freihandelszone zwischen Marokko und der arabischen Halbinsel zu entwickeln und so eine politisch stabile Verbindung zwischen den USA und dem Mittleren Osten herzustellen. Die auf dieselbe Region zielenden Interessen der EU werden gesehen, ihre diesbezügliche Politik aber als halbherzig angesehen. Die Financial Times (May 10/May 11 2003: 6) berichtet dazu: „The US trade plan appears similar to the Euro-Mediterranean partnership, launched in 1995, which aims to bring 12 Mediterranean countries into a free trade zone by 2010. The EU committed $5bn to help its developing partners and encourage them to liberalise their economies." Die Initiative der EU wird jedoch durch die allenfalls halbherzige Öffnung der EU-Märkte um ihren Erfolg gebracht, da mehrere nordafrikanische Staaten „repeatedly complained about opening their markets to EU products while European markets remained closed to some of their main exports, including agriculture." (Ebd.) Man erkennt hier das selbe Muster, das in den 90er Jahren die bilateralen Handelsabkommen einzelner EU-Staaten mit den damaligen Reformstaaten Mittel- und Osteuropas kennzeichnete: Die Abkommen, die ihrer ursprünglichen Intention und öffentlichen Darstellung nach zur Bevorzugung der Peripherie der EU gedacht waren, werden durch diverse Ausnahmeregelungen für „sensible" Wirtschaftssektoren der EU in der Praxis in einseitige Exporterleichterungen für EU-Staaten verkehrt (vgl. Croft et al. 1999: 65f.). Die EU wird in ihrer Außenpolitik durch Gruppeninteressen innerhalb der EU stark behindert. Genau das Gegenteil kündigt der Handelsbeauftragte der US-Regierung Robert Zoellick an, nämlich „short-term preference programmes in which the US would unilaterally open its markets to Arab goods." (Financial Times May 10/May 11 2003; S. 6) Solche Pläne gehen über das hinaus, was eine NATO-Mitgliedschaft bieten kann (vgl. Ruggie 1998: 232) und treten mit der Wohlstandsprogrammatik der EU in direkte Konkurrenz.

Was immer bei dem US-Plan für eine nordafrikanische Freihandelszone 2013 herauskommen wird – klar ist: Der Aufschwung der geopolitischen Bedeutung der Region wird anhalten. EU- und US-Interessen geraten in unmittelbare territoriale Rivalität. Der Plan zu einer Freihandelszone als Verbindung von den USA zum Mittleren Osten lässt sich auch als Teil eines Ringes US-dominierter Territorien rund um Europa sehen.

Die USA nehmen das EU-Muster konzentrischer Kreise samt seinen Problemen vor allem in ihre politische Rhetorik und Politik auf, die sich auf die östliche Peripherie der EU bezieht. Die Rede von „Altes versus Neues Europa" war die komplementäre Formulierung zur Differenzierungsdynamik der EU entsprechend der Logik konzentrischer Kreise. Geopolitisch bezieht sie sich auf die östliche und nördliche Peripherie der EU.[41] Daran schlossen diverse Angebote[42] an die Neu-Mitglieder der EU, mit Hilfe der USA den „alten EU-Kern" zu überholen ohne ihn einzuholen. In dem Maße, in dem die peripheren Mitglieder das Gefühl entwickeln, dass ihnen die (Alt-)EU nicht ausreichend viel zu bieten hat, werden sie für solche US-Angebote zugänglich.[43] Diese Interventionsstrategie wird in erster Linie über die NATO-Mitgliedschaft realisiert.

Mit Ausnahme Deutschlands waren alle EU-Mitglieder davor bereits Mitglieder der NATO. Das ist also ein altes Muster. Allerdings hat sich die Konstellation im Verhältnis US-dominierter NATO und EU in den letzten Jahrzehnten verändert (Croft 1999: 44): Die zunehmende EU-Integration wird von den USA als sich konsolidierender ökonomischer und politischer Machtblock gesehen und gefürchtet. Darum erhält das alte Muster „erst NATO-, dann EU-Beitritt" eine neue Bedeutung, aus dem sich vor allem für die Neumitglieder der EU Loyalitätsprobleme zwischen EU und NATO ergeben.[44] Spätestens seit es das Projekt einer gemeinsamen Außen- und Sicherheitspolitik der EU gibt, sehen die meisten Beitrittskandidaten zur EU „a potential clash with one of their primary security policy priorities, namely membership in NATO." (Bilcik 2002: 94) Ausdruck dieses Dilemmas ist auch die folgende Konstellation im Verhältnis zwischen der EU, den Ländern ohne unmittelbare Beitrittsperspektive zur

---

[41] Vgl. dazu die selbstkritische Bemerkung von Verheugen, die EU müsse sich „vorwerfen lassen, dass sie sich nicht rechtzeitig und nicht intensiv genug um eine außen- und sicherheitspolitische Einbindung der Bewerberländer gekümmert habe." (FAZ 17. April 2003, S. 2)

[42] Bemerkenswert ist, dass sich US-Angebote auf Teilnahme an internationaler Politik EU-Angebote dagegen auf Teilhabe an materiellem Wohlstand konzentrieren. Die Konkurrenz um Einfluss auf EU-Neumitglieder zwischen USA und EU wird in unterschiedlichen Medien, dort Macht, hier Geld ausgetragen. Daraus ergeben sich signifikant unterschiedliche Interventionschancen.

[43] Das lässt sich zum Beispiel am Fall Polens gut nachvollziehen: In den Beratungen über die Europäische Verfassung profilierte sich Polen als Opposition gegen eine eigenständige Außen- und Sicherheitspolitik der EU, die „als Alternative zur NATO" (Leszek Miller) erscheinen könne (SZ 21., 22. 6. 2003, S. 1) und gegen Ausweitungen des Mehrheitsverfahrens, um solchen Anliegen die Durchsetzungschancen zu wahren. Anknüpfungspunkte waren ein generelles Unterlegenheitsgefühl Polens, aktuell verstärkt durch Opposition der Mittelmeer-Advokaten gegen die Kosten der Osterweiterung, sowie diplomatische Fehler Frankreichs einerseits und interessenpolitische Versuche Polens zur Verbesserung der Startbedingungen als EU-Mitglied andererseits.

[44] Dies ist ein entscheidender Punkt, den Balogh (1999: 193f.) völlig übersieht.

EU und den USA: Einerseits hatten sich die Balkan-Länder in einer gemeinsamen Erklärung der EU gegenüber zur vorbehaltlosen Unterstützung des Jugoslawien-Tribunals und des Internationalen Strafgerichtshofs in Den Haag verpflichtet. Andererseits wurden die Länder der europäischen Peripherie von den USA zu bilateralen Immunitätsabkommen gedrängt, in denen sie sich verpflichten, US-Bürger nicht dem internationalen Strafgerichtshof auszuliefern.[45] Der Versuch des Außenministers von Bosnien-Herzegowina, Mladen Ivanic, dieses Dilemma zu lösen, ist als bemerkenswerte Ausnahme anzusehen. „Wenn das unseren Beitritt zur EU gefährden sollte, steigen wir aus dem Abkommen mit den USA eben wieder aus." (SZ, 23. 6. 2003, S. 7) Er übersetzt das Dilemma in ein direktes Problem zwischen der EU und den USA.

Früher war „exporting stability" zentrales Motiv der NATO-Erweiterung. Dies hat sich vermutlich geändert. Dafür gibt es Anzeichen: „Had the idea of exporting stability been the key reason for enlargement, then neither Poland nor Hungary, or the Czech republic, would have been justifiable as NATO's first Choices, since all were in fact highly stable by 1999." (Kamp 2003) Folglich wäre nicht Stabilität der Region sondern Rivalität mit der EU das Hauptmotiv der NATO-Erweiterung.

Die Interessen der USA in Mittel- und Osteuropa betreffen in erster Linie Deutschland. Im Rahmen der WEU hatte Deutschland immer eine moderate Position vertreten. Man war zwar der Ansicht, dass Europa etwas mehr Verteidigungsverantwortung übernehmen solle, war zugleich aber immer darauf bedacht, alle eigenständigen Verteidigungsanstrengungen strikt als Europäischen Pfeiler der NATO darzustellen. Die Tendenz, „(to) become more of an equal partner to the US" (Aggestam 2000: 74) hat sich mit den Ohnmachtserfahrungen im Jugoslawienkonflikt verstärkt. „Bosnia illustrates the kind of crisis that can place severe strain on U.S.-U.K. and general U.S.-European relations. U.S. politicians and journalists excoriated the EU and the countries whose troops protected the UN supply mission – Britain and France – for incompetence and for having sanctioned ethnic cleansing. The Europeans accused the United States (which called for ‚lift and strike' but refused to commit troops) of hypocrisy and of helping to prolong the war. They also noted a feeling of *Schadenfreude* in Washington at the EU's failure to deal effectively with the crisis." (Harper 2001: 231)

Die sicherheitspolitische Unterlegenheit und das Gefühl, etwas dagegen tun zu müssen, wurden durch den 2. Irak-Krieg immens bestärkt. Seit Mai 2003 zeichnet sich die Entwicklung des Kerns einer Sicherheitspolitischen Allianz zwischen Frankreich, Deutschland, Belgien und Luxemburg ab.

---

[45] „USA sperren Militärhilfe für 35 Länder". (Süddeutsche Zeitung, 2. 7. 2003)

Das Zusammentreffen der folgenden Merkmale dieser Initiative ist sowohl im Lichte des Modells der konzentrischen Kreise als auch mit Blick auf das damit verbundene generelle Kollisionspotential mit US-Interessen bemerkenswert: Exklusiv vertiefte Integration in einem zentralen Politikfeld, lokalisiert im Kern der EU – und noch dazu organisiert von den profiliertesten Gegnern des Irak-Kriegs: „Defense plan could rival NATO". (Financial Times April 30, 2003: 1). Eine Aktion also, die sowohl geeignet ist Gefühle der Zurücksetzung bei den Ländern der Peripherie der EU zu erzeugen als auch Misstrauen der U-SA/NATO hervorzurufen. Entsprechend wurde der Vorgang zum Anlass der Warnung, „to create alliances against the United States, Britain, Spain or any of the new countries that are the new democracies of Evian." (G. W. Bush, beides in: International Herald Tribune April 30, 2003: 1 und 4)

In dieser Differenz zwischen der Kern-EU und dem Rand, insbesondere den neuen EU-Mitgliedern aus Mittel- und Osteuropa, liegt für die USA die strategische Chance, Gefühle der Zurücksetzung mit ihrem Misstrauen kurzzuschließen und für ihre Interessen zu funktionalisieren. So geraten die Randmitglieder der EU unter deutlichen NATO/US-Einfluss (Gowan 2002: 45). Damit haben wir eine Anschlussstelle der Theorie der Dynamik Europas an die Wissenschaft von den Internationalen Beziehungen erreicht: Das Muster konzentrischer Kreise, in dem sich die Europäischen Union entwickelt, wird von der Rivalität EU-USA aufgeladen.

5. Schluss

Die Analyse hat gezeigt, dass sich im Zuge der Integration der Europäischen Union immer wieder Interessenkonstellationen reproduzieren, welche auf ihre Expansion drängen. Diese Expansion wurde bisher in Form von Erweiterungsrunden der EU realisiert. Mit der Osterweiterung im Jahr 2004 zeichnen sich Grenzen dieses Politikmusters ab.

Die inneren Grenzen ergeben sich aus der großen Zahl an Mitgliedsländern und den daraus resultierenden Problemen: zunehmende transnationale Konkurrenzbeziehungen, Schwierigkeiten politischer Willensbildung und exponentiell steigende Integrationskosten jedes weiteren Erweiterungsschritts. Im Ergebnis erscheint die Umstellung der EU von einheitlicher auf abgestufte Integration hoch wahrscheinlich.

Dieses Muster setzt sich auch in der Entwicklung der Außenbeziehungen der EU fort. Hier steht die EU vor dem Problem, Pazifizierungs- und Prosperitätsprojekte, die ohne das Angebot einer zukünftigen Vollmitgliedschaft auskommen, für die Länder der Peripherie entwickeln zu müssen. Daraus ergibt sich die Fortsetzung des Musters der abgestuften Integration über die Grenzen der EU hinaus, als Abstufungen innerhalb ihrer Peripherie. Der Grenzfall Türkei steht dazwischen: Die Türkei wird entweder durch eine Vollmitgliedschaft zu abgesenkten Konditionen zur abgestufter Integration innerhalb der EU beitragen, oder durch eine special relationship das Muster der Abstufung in der Peripherie verstärken.

Dass die Leute ins Spiel kamen, hat den gesellschaftlichen Aggregatzustand der Europäischen Union verändert. Die erfolgreiche Spezialistenpolitik schlägt sich in Kompetenzzuwächsen der Europaebene nieder, deren Politik auf die Lebensbedingungen der Leute immer direkter durchschlägt. „Solche Prozesse bewirken mehr für die Ausbildung einer europäischen Identifikation als Bemühungen um eine symbolische Identitätspflege, etwa durch die Wahl eines europäischen Präsidenten oder durch Volksabstimmungen über die neue europäische Verfassung." (Lepsius 2004: 5) Die zunehmende Identifikation mit Europa wiederum hat zur Folge, dass weitere Institutionalisierungsprozesse auf der Europaebene teils ermöglicht, teils erzwungen werden.

Dass die Leute ins Spiel kamen, begründet die Zuständigkeit der Soziologie für die Europäische Integration. Die Entwicklung einer Europa-Soziologie verdankt sich also selbst soziologischen Reflexionen über den Wandel ihres Gegenstands: Man greift die Europäische Union in ihrem aktuellen Zustand als Gegenstand der Soziologie auf und rekonstruiert von da aus den Prozess, in dem sie sich zum Gegenstand der Soziologie entwickelt hat. Ob man sich auf Herrschaft und Bürokratie konzentriert (vgl. Bach 1999), Bedingungen und Probleme der sozialen Integration (vgl. Münch 2000; Delhey 2005) ins Zentrum der Aufmerksamkeit rückt, der Frage der Kongruenz von institutionell geronnenen und individuell vertretenen Werten besonderen Wert beimisst (vgl. Gerhards, Hölscher 2003) – stets gewinnt die europasoziologische Fragestellung ihre Brisanz aus dem Spannungsverhältnis zwischen Institutionen und Leuten.

Ich habe versucht, aus diesem Spannungsverhältnis eine Theorie zu entwickeln, welche die Dynamik der Entwicklung Europas verstehbar macht. Mit der Erörterung der Außenbeziehungen der Europäischen Union gerät diese Theorie an ihre Grenzen. Jenseits liegt die Domäne der Wissenschaft von den internationalen Beziehungen. Aber die Dynamik Europas wird die Europäisierung Europas weiter voranbringen und damit die Domäne der Europasoziologie weiter ausdehnen.

Literaturverzeichnis

Abdolvand, Behrooz et al. (2006): Vertrauen ist gut, Diversifizierung ist besser. Europas Abhängigkeit vom russischen Gas. In: Vorgänge 174, Jg. 45, Heft 2, S. 52-67.

Adorno, Theodor W. et al. (1972): Der Positivismusstreit in der deutschen Soziologie. Neuwied: Luchterhand.

Aggestam, Lisbeth (2000): Germany. In: Ian Manners/Whiteman (2000), S. 64-83.

Agh, Attila (1999): Europeanization of Policy-Making in East Central Europe: the Hungarian Approach to EU Accession. In: Journal of European Public Policy, Vol. 6, No. 5, S. 839-854.

Allmendinger, Jutta (Hrsg.) (2003): Entstaatlichung und soziale Sicherheit. Verhandlungen des 31. Kongresses der Deutschen Gesellschaft für Soziologie in Leipzig 2002. Opladen: Leske + Budrich.

Anderson, Christopher J./Kaltenthaler, Karl C. (1996): The Dynamics of Public Opinion toward European Integration, 1973-93. In: European Journal of International Relations, Vol. 2, No. 2, S. 175-199.

Antola, Esko (2002): The Future of Small States in the EU. In: Farrell et al. (2002), S. 69-85.

AutorInnenkollektiv (2000): Ohne Papiere in Europa. Berlin, Hamburg: Schwarze Risse, Rote Straße/VLA.

Bach, Maurizio (1995): Ist die Europäische Union irreversibel? Integrationspolitik als Institutionenbildung in der Europäischen Union. In: Nedelmann (1995), S. 368-391.

Bach, Maurizio (1999): Die Bürokratisierung Europas. Verwaltungseliten, Experten und politische Legitimation in Europa. Frankfurt: Campus.

Bach, Maurizio (2000): Die Europäisierung der nationalen Gesellschaft? Problemstellungen und Perspektiven einer Soziologie der europäischen Integration. In: Bach (2000), S. 11-35.

Bach, Maurizio (Hrsg.) (2000): Die Europäisierung nationaler Gesellschaften. Sonderheft 40/2000 der KZfSS. Wiesbaden: Westdeutscher Verlag.

Bach, Maurizio (2003): The Europeanization of Cleveages and the Emergence of a European Social Space. In: Journal of European Social Policy, Vol. 13, No. 1, S. 50-54.

Bach, Maurizio (2006): The Enlargement Crisis of the European Union: From Political Integration to Social Disintegration? In: Bach et al. (2006), S. 11-28.

Bach, Maurizio et al. (Hrsg.) (2006): Social Dynamics and Political Institutions in an Enlarged Europe. Berlin: Sigma.

Baldwin-Edwards, Martin/Arango, Joaquin (Hrsg.) (1999): Immigrants and the Informal Economy in Southern Europe. London, Portland, OR.: Frank Cass.

Balogh, András (1999): The Atlantic Dimensions of Central European Security. In: David, Charles-Philippe/Lévesque, Jacques (1999), S. 186-196.

Beaud, Olivier et al. (sous la direction de) (2004): L' Europe en voie de consti-tution. Bruxelles: Bruylant.

Bechert, Stefanie/Cellarius, Gertraud (2004): Outsourcing bietet Chancen für die Entwicklung von wettbewerbsstarken europäischen Firmen. In: ifo Schnelldienst, Nr. 7, S. 7-10.

Beck, Ulrich (1986): Risikogesellschaft. Frankfurt: Suhrkamp.

Beck, Ulrich/Grande, Edgar (2004): Das kosmopolitische Europa. Frankfurt: Suhrkamp.

Beichelt, Timm (2004): Die Europäische Union nach der Osterweiterung. Wies-baden: VS Verlag für Sozialwissenschaften.

Belous, Richard/Lemco, Jonathan (Hrsg.) (1995): NAFTA as a Model of Devel-opment. The Benefits and Costs of Merging High and Low Wage Areas. Albany: State University of New York Press.

Bilcik, Vladimir (2002): Developments in the EU's Foreign and Security Policy – the Candidates' Perspective. In: Brusis, Emmanouilidis (2002), S. 77-87.

Blau, Peter M. (1977): Inequality and Heterogeneity. A Primitive Theory of Social Structure. New York: The Free Press.

Bleses, Peter/Vetterlein, Antje (2002): Gewerkschaften ohne Vollbeschäftigung. Wiesbaden: Westdeutscher Verlag.

Blunden, Margaret (2000): France. In: Manners/Whiteman (2000), S. 19-43.

BMfAS (2000): Bundesministerium für Arbeit und Sozialordnung. Illegale Beschäftigung und Schwarzarbeit schaden uns allen. Informationsbro-schüre.

Bohmann, Gerda/Vobruba, Georg (1992): Crises and their Interpretations. The World Economic Crises of 1929ff. and 1974ff. in Austria. In: Crime, Law and Social Change, Vol. 17, S. 145-163.

Bolle, Mary Jane (1993): NAFTA. U.S. Employment and Wage Effects. CRS Report for Congress. Congressional Research Service. Washington D.C.: The Library of Congress.

Bös, Mathias (2000): Zur Kongruenz sozialer Grenzen. Das Spannungsfeld von Territorien, Bevölkerungen und Kulturen in Europa. In: Bach (2000), S. 429-455.

Bös, Mathias/Zimmer, Kerstin (2006): Wenn Grenzen wandern. Zur Dynamik von Grenzverschiebungen im Oster Europas. In: Eigmüller/Vobruba (2006), S. 157-184.

Brinar, Irena/Svetlicic, Marjan (1999): Enlargement of the European Union – the Case of Slovenia. In: Journal of European Public Policy, Vol. 6, No. 5, S. 802-821.

Brown, David (2002): Storming the Fortress: The External Border Regime in an Enlarged Europe. In: Ingham/Ingham (2002), S. 89-109.

Brunn, Gerhard (2002): Die Europäische Einigung. Stuttgart: Reclam.

Brusis, Martin (2000): Internal Problems of the European Union that might obstruct an Enlargement toward the East. In: Tang (2000), S. 265-289.

Brusis, Martin/Emmanouilidis, Janis A. (Hrsg.) (2002): Thinking Enlarged. Bonn: Europa Union Verlag.

Bulmer-Thomas, Victor et al. (1994): Who Will Benefit? In: Bulmer-Thomas et al. (1994), S. 203-232.

Bulmer-Thomas, Victor et al. (Hrsg.) (1994): Mexico and the North American Free Trade Agreement. Who Will Benefit? Basingstoke: Macmillan.

Calingaert, Michael (1996): European Integration Revisited. Progress, Prospects, and U.S. Interests. Boulder, Coll.: WestviewPress.

Cem, Ismail (2001): A Necessary Role in Defense. In: Financial Times, 29. 5. 2001, S. 15.

Chirac, Jacques (2000): „Die Erweiterung darf keine Flucht nach vorne sein". Rede des französischen Staatspräsidenten Jacques Chirac vor dem Deutschen Bundestag am 27. Juni 2000. In: Blätter für deutsche und internationale Politik, Jg. 45, Nr. 8, S. 1017-1021.

Clausen, Lars (1994): Krasser sozialer Wandel. Opladen: Leske + Budrich.

Commission of the European Communities (2003): Wider Europe-Neighbourhood. A New Framework for Relations with our Eastern and Southern Neighbours. Brussels: COM (2003) 104 final.

Commission of the European Union (2004): European Neighbourhood Policy. Country Report Morocco. COM (2004) 373 final.

Croft, Stuart et al. (1999): The Enlargement of Europe. Manchester, New York: Manchester University Press.

Csaba, Lásló (1999): Mitteleuropa auf dem Weg zum EU-Beitritt. In: Wagener/ Fritz (1999), S. 44-67.

Cuttitta, Paolo (2006): Das Mittelmeer als Wohlstandsgrenze. In: Eigmüller/Vobruba (2006), S. 251-257.

Dauderstädt, Michael/Lippert, Barbara (1995): Differenzieren beim Integrieren. Zur Strategie einer abgestuften Osterweiterung der EU. Bonn: Friedrich-Ebert-Stiftung.

David, Charles-Philippe/Lévesque, Jacques (Hrsg.) (1999): The Future of NATO. Enlargement, Russia, and European Security. Montreal, Kingston: McGill-Queen's University Press.

Delhey, Jan (2002): Die Entwicklung der Lebensqualität nach dem EU-Beitritt. Lehren für die Beitrittskandidaten aus früheren Erweiterungen. In: Aus Politik und Zeitgeschichte. Beilage zur Wochenzeitung Das Parlament, B 1-2/2002, S. 31-38.

Delhey, Jan (2003): Europäische Integration, Modernisierung und Konvergenz. Zum Einfluss der EU auf die Konvergenz der Mitgliedsländer. In: Berliner Journal für Soziologie, Nr. 4, S. 565-584.

Delhey, Jan (2004): Nationales und transnationales Vertrauen in der Europäischen Union. In: Leviathan, Jg. 32, Nr. 1, S. 15-45.

Delhey, Jan (2005): Das Abenteuer der Europäisierung. Überlegungen zu einem soziologischen Begriff europäischer Integration und zur Stellung der Soziologie zu den „Integration Studies". In: Soziologie, Jg. 34, Nr. 1, S. 7-18.

Dietz, Barbara (2004): Ost-West-Migration im Kontext der EU-Erweiterung. In: Aus Politik und Zeitgeschichte. Beilage zur Wochenzeitung Das Parlament, B 5-6/2004, S. 41-47.

Duchesne, Sophie/Frognier, André-Paul (1995): Is there a European Identity? In: Niedermayer/Sinnott (1995), S. 193-226.

Dux, Günter (2000): Historisch-genetische Theorie der Kultur. Weilerswist: Velbrück.

Eichengreen, Barry (1993): European Monetary Unification, and Regional Unemployment. In: Ulmann et al. (1993).

Eigmüller, Monika (2007): Grenzsicherungspolitik. Funktion und Wirkung der europäischen Außengrenze. Wiesbaden: VS Verlag für Sozialwissenschaften.

Eigmüller, Monika/Vobruba, Georg (Hrsg.) (2006): Grenzsoziologie. Die politische Strukturierung des Raumes. Wiesbaden: VS Verlag für Sozialwissenschaften.

Einem, Caspar (2004): Die Quadratur der Sterne. So schrieben wir Europas Verfassung. Wien: Kremayr & Scheriau/Orac.

Elkins, David (1995): Beyond Sovereignty. Territory and Political Economy in the Twenty-First Century. Toronto: University of Toronto Press.

Europäische Kommission (1997): Agenda 2000. Eine stärkere und erweiterte Union. In: Bulletin der Europäischen Union, Beilage 5/97. Luxemburg: Amt für amtliche Veröffentlichungen der Europäischen Gemeinschaften.

Europäischer Konvent (2003): Entwurf eines Vertrages über eine Verfassung für Europa. Luxemburg: Amt für amtliche Veröffentlichungen der Europäischen Gemeinschaften.

European Commission (1992): Europe and the Challenge of Enlargement. In: EC Bulletin, Supplement 3/92.

Faist, Thomas (2000): Soziale Bürgerschaft in der Europäischen Union. Verschachtelte Mitgliedschaft. In: Bach (2000), S. 229-250.

Farrell, Mary et al. (Hrsg.) (2002): European Integration in the 21st Century. London: SAGE.

Fassmann, Heinz (2002): Wo endet Europa? In: Mitteilungen der Österreichischen Geographischen Gesellschaft, Nr. 144, S. 27-36.

Fassmann, Heinz/Hintermann, Christiane (1997): Migrationspotential Ostmitteleuropa. Struktur und Motivation potentieller Migranten aus Polen, der Slowakei, Tschechien und Ungarn. Wien: Verlag der Österreichischen Akademie der Wissenschaften.

Fischer, Joschka (2000): Vom Staatenbund zur Föderation – Gedanken über die Finalität der europäischen Integration. In: Blätter für deutsche und internationale Politik, Jg. 45, Nr. 6, S. 752-762.

Flora, Peter (2000): Externe Grenzbildung und interne Strukturierung – Europa und seine Nationen. Eine Rokkan'sche Perspektive. In: Berliner Journal für Soziologie, Nr. 2, S. 151-165.

Flora, Peter (2000a): Einführung und Interpretation. In: Rokkan (2000), S. 14-119.

Franzmeyer, Fritz/Brücker, Herbert (1997): Europäische Union. Osterweiterung und Arbeitskräftemigration. In: DIW-Wochenbericht, Nr. 5/97.

Fuhrmann, Wilhelm (2004): EU-Osterweiterung und Outsourcing. Chance oder Gefahr? In: ifo Schnelldienst, Nr. 7, S. 3-6.

Funabashi, Yoichi (Hrsg.) (2001): Alliance Tomorrow. Security Arrangements After the Cold War. Tokyo: The Tokyo Foundation.

Funck, Bernard/Pizzati, Lodovico (Hrsg.) (2002): Labor, Employment, and Social Policies in the EU Enlargement Process. Washington D.C.: The World Bank.

Gabaglio, Emilio/Hoffmann, Reiner (Hrsg.) (2000): European Trade Union Yearbook 1999. Brussels: ETUI.

Ganahl, Rainer (1999): Lesen, Sprechen, Lernen, Lehren. In: Weibl (1999), S. 109-137.

Gerhards, Jürgen (1993): Westeuropäische Integration und die Schwierigkeiten der Entstehung einer europäischen Öffentlichkeit. In: ZfS, Jg. 22, Nr. 2, S. 96-110.

Gerhards, Jürgen (2004): Europäische Werte – Passt die Türkei kulturell zur EU? In: Aus Politik und Zeitgeschichte. Beilage zur Wochenzeitung Das Parlament, B 38/2004, S. 14-20.

Gerhards, Jürgen, unter Mitarbeit von Michael Hölscher (2005): Kulturelle Unterschiede in der Europäischen Union. Wiesbaden: VS Verlag für Sozialwissenschaften.

Gerhards, Jürgen/Hölscher, Michael (2003): Kulturelle Unterschiede zwischen Mitglieds- und Beitrittsländern der EU. Das Beispiel Familien- und Gleichberechtigungsvorstellungen. In: ZfS, Jg. 32, Nr. 3, S. 206-225.

Giscard d'Estaing, Valérie (2002): Europas letzte Chance. In: Süddeutsche Zeitung, 23. 7. 2002, S. 9.

Glotz, Peter (Hrsg.) (1983): Ziviler Ungehorsam im Rechtsstaat. Frankfurt: Suhrkamp.

Götz, Roland (2004): Pipelinepolitik. Wege für Russlands Erdöl und Erdgas. In: Osteuropa, Jg. 54, Nr. 9-10, S. 111-130.

Gowan, Peter (2002): The EU and Eastern Europe. Diversity Without Unity? In: Farrell et al. (2002), S. 29-49.

Grabbe, Heather (2002): Border Dilemmas for the Applicant Countries. In: Brusis/Emmanouilidis (2002), S. 77-87.

Grabitz, Eberhard (Hrsg.) (1984): Abgestufte Integration. Eine Alternative zum herkömmlichen Integrationskonzept? Kehl am Rhein, Straßburg: N. P. Engel Verlag.

Guggenberger, Bernd/Offe, Claus (Hrsg.) (1984): An den Grenzen der Mehrheitsdemokratie. Opladen: Westdeutscher Verlag.

Gumpel, Werner (2004): Die Türkei zwischen den Konfliktstaaten. In: Leggewie (2004), S. 303-316.

Gusy, Christoph (1984): Das Mehrheitsprinzip im demokratischen Staat. In: Guggenberger/Offe (1984), S. 61-82.

Habermas, Jürgen (1973): Legitimationsprobleme im Spätkapitalismus. Frankfurt: Suhrkamp.

Habermas, Jürgen (1998): Die postnationale Konstellation. Frankfurt: Suhrkamp.

Habermas, Jürgen (2001): Zeit der Übergänge. Frankfurt: Suhrkamp.

Habermas, Jürgen (2004): Der gespaltene Westen. Frankfurt: Suhrkamp.

Hama, Noriko (1996): Disintegrating Europe. The Twilight of the European Construction. Westport, Conn.: Praeger.

Harper, John L. (2001): The U.S.-U.K. Alliance. Past, Present, Future. In: Funabashi (2001), S. 216-235.

Heidenreich, Martin (2003): Regional Inequalities in the Enlarged Europe. In: Journal of European Social Policy, Vol. 13, No. 4, S. 313-333.

Heidenreich, Martin (2006): The Decision-Making Capacity of the European Union after the Fifth Enlargement. In: Bach et al. (2006), S. 29-57.

Heidenreich, Martin (Hrsg.) (2006): Die Europäisierung sozialer Ungleichheit. Frankfurt, New York: Campus.

Held, David (1995): Democracy and the Global Order. Cambridge: Polity Press.

Henschel, Thomas/Schleissing, Stephan (Hrsg.) (2000): Europa am Wendepunkt. Arbeitspapiere der Forschungsgruppe Jugend und Europa, Jg. 6. München: Eigenverlag.

Hettlage, Robert/Müller, Hans-Peter (Hrsg.) (2006): Die europäische Gesellschaft. Konstanz: UVK.

Heywood, Paul et al. (Hrsg.) (2002): Developments in West European Politics. Houndmills: Palgrave.

Hill, Christopher (1993): The Capability-Expectations Gap, or Conceptualizing Europes' International Role. In: Journal of Common Market Studies, Vol. 31, S. 305-328.

Hirschman, Albert O. (1970): Exit, Voice and Loyalty. Cambridge, Mass.: Harvard University Press.

Holz, Klaus (2000): Einleitung. Die soziale Politik der Staatsbürger. In: Holz (2000), S. 7-29.

Holz, Klaus (Hrsg.) (2000): Staatsbürgerschaft. Soziale Differenzierung und politische Inklusion. Opladen: Westdeutscher Verlag.

Honneth, Axel (1992): Kampf um Anerkennung. Frankfurt: Suhrkamp.

Hrbek, Rudolf (2004): Modelle politischer Ordnung. Föderalismus, Mehrebenensystem, variable Geometrie. In: Osteuropa, Jg. 54, Nr. 5-6, S. 87-104

Huntoon, Laura (1998): Immigration to Spain. Implications for a Unified European Union Immigration Policy. In: International Migration Review, Vol. 32, No. 4, S. 423-450.

Immerfall, Stefan (2000): Fragestellungen einer Soziologie der europäischen Integration. In: Bach (2000), S. 481-503.

Immerfall, Stefan (2000a): Europäische Integration und Europäische Identität. In: Henschel/Schleissing (2000), S. 6-12.

Ingham, Hilary/Ingham, Mike (Hrsg.) (2002): EU Expansion to the East. Prospects and Problems. Cheltenham: Edward Elgar.

Inotai, András (2000): The Czech Republic, Hungary, Poland, the Slovak Republic, and Slovenia. In: Tang (2000), S. 17-51.

Jäger, Lorenz (2004): Auf allen Karten abseits. Europa und die Türkei: Die Unlogik der Beitrittsverhandlungen. In: Leggewie (2004), S. 29-31.

Kaase, Max (1991): Politische Integration Westeuropas. Probleme der Legitimation. In: Zapf (1991), S. 318-339.

Kaelble, Hartmut et al. (Hrsg.) (2002): Transnationale Öffentlichkeiten und Identitäten im 20. Jahrhundert. Frankfurt: Campus.

Kamp, Karl-Heinz (2003): The Dynamics of NATO Enlargement. In: Lieven/Trenin (2003), S. 185-204.

Kavakas, Dimitros (2000): Greece. In: Manners/Whiteman (2000), S. 144-161.

Kennedy, Paul (2000): Spain. In: Manners/Whiteman (2000), S. 105-127.

Kelley, Judith (2006): New Wine in Old Wineskins: Promoting Political Reforms through the New European Neighbourhood Policy. In: Journal of Common Market Studies, Vol. 44, No. 1, S. 29-55.

Keyder, Caglar (2004): The Turkish Bell Jar. In: New Left Review 28, July/August, S. 65-84.

Keyder, Caglar (2004a): Die Türkei zwischen Europa und Amerika. In: Leggewie (2004), S. 274-290.

Kohli, Martin (2002): Die Entstehung einer europäischen Identität. Konflikte und Potentiale. In: Kaelble et al. (2002), S. 111-134.

Kommission der Europäischen Gemeinschaften (2001): Vermerk für die Mitglieder der Kommission. Überblick über den Vertrag von Nizza. Brüssel. SEC (2001) 99.

Kommission der Europäischen Gemeinschaften (2004): Europäische Nachbarschaftspolitik. Strategiepapier. KOM (2004) 373 endgültig.

Kommission der Europäischen Gemeinschaften (2004a): Europäische Nachbarschaftspolitik. Länderbericht Ukraine. COM (2004) 373 final.

Kommission der Europäischen Gemeinschaften (2006): Über die Stärkung der Europäischen Nachbarschaftspolitik. KOM(2006) 726 endgültig.

Kramer, Heinz (2004): EU-kompatibel oder nicht? Zur Debatte um die Mitgliedschaft der Türkei in der Europäischen Union. In: Leggewie (2004), S. 141-149.

Kramer, Heinz (2004a): Die Türkei nach dem Irakkrieg. Außen- und innenpolitische Folgen. In: Leggewie (2004), S. 296-302.

Kunze, Cornelie (Hrsg.) (2003): Illegale Arbeitsmigration nach Deutschland aus der Ukraine. Eine Annäherung. Leipzig: Leipziger Universitätsverlag.

Kvist, Jon (2004): Does EU Enlargement Start a Race to the Bottom? Strategic Interaction Among EU Member States in Social Policy. In: Journal of European Social Policy, Vol. 14, No. 3, S. 301-318.

Lange, Andreas (Hrsg.) (2004): Regionalpolitik in Mittelosteuropa. Comparativ, Jg. 14, Nr. 2, Leipzig: Leipziger Universitätsverlag.

Langewiesche, Renate (2000): EU Enlargement and the Free Movement of Labour. In: Gabaglio/Hoffmann (2000), S. 367-383.

Lavenex, Sandra (2001): Migration and the EU's new Eastern Border. Between Realism and Liberalism. In: Journal of European Public Policy, Vol. 8, No. 1, S. 24-42.

Leggewie, Claus (1979): Die Erweiterung der Europäischen Gemeinschaft nach Süden. In: Leviathan, Jg. 7, Nr. 2, S. 174-198.

Leggewie, Claus (Hrsg.) (2004): Die Türkei und Europa. Die Positionen. Frankfurt: Suhrkamp.

Lepsius, M. Rainer (1991): Die Europäische Gemeinschaft. Rationalitätskriterien der Regimebildung. In: Zapf (1991), S. 309-317.

Lepsius, M. Rainer (1999): Die Europäische Union. Ökonomisch-politische Integration und kulturelle Pluralität. In: Viehoff/Segers (1999), S. 201-222.

Lepsius, M. Rainer (2003): Institutionelle Entkopplung, europäische Integration und Identitätsbildung. In: Allmendinger (2003), S. 516-522.

Lepsius, M. Rainer (2004): Prozesse der europäischen Identitätsstiftung. In: Aus Politik und Zeitgeschichte. Beilage zur Wochenzeitung Das Parlament, B 38/2004, S. 3-5.

Lepsius, M Rainer (2006): Identitätsstiftung durch eine europäische Verfassung. In: Hettlage/Müller (2006), S. 109-127.

Létourneau, Paul/Hébert, Philippe (1999): NATO Enlargement. Germany's Euro-Atlantic Design. In: David/Lévesque (1999), S. 108-118.

Liebig, Stefan et al. (Hrsg.) (2004): Verteilungsprobleme und Gerechtigkeit in modernen Gesellschaften. Frankfurt: Campus.

Lieven, Anatol/Trenin, Dmitri (Hrsg.) (2003): Ambivalent Neighbors. The EU, NATO and the Price of Membership. Washington D.C.: Carnegie Endowment for International Peace.

Luhmann, Niklas (1969): Legitimation durch Verfahren. Neuwied: Luchter-hand.

Luhmann, Niklas (1981): Politische Theorie im Wohlfahrtsstaat. München: Olzog.

Luhmann, Niklas (1997): Die Gesellschaft der Gesellschaft. Frankfurt: Suhr-kamp.

Luhmann, Niklas (2000): Die Politik der Gesellschaft. Frankfurt: Suhrkamp.

Magone, José (2000): Portugal. In: Manners/Whiteman (2000), S. 162-178.

Manners, Ian/Whiteman, Richard G. (Hrsg.) (2000). The Foreign Policies of European Union Member States. Manchester, New York: Manchester University Press.

Manning, Nick (2004): Diversity and Change in pre-accession Central and Eastern Europe since 1989. In: Journal of European Social Policy, Vol. 14, No. 3, S. 211-232.

Matschke, Klaus-Peter (2004): Das Kreuz und der Halbmond. Die Geschichte der Türkenkriege. Düsseldorf: Artemis & Winkler.

Mau, Steffen (2003): Wohlfahrtsstaatlicher Verantwortungstransfer nach Europa. In: ZfS, Jg. 32, Nr. 4, S. 302-324.

Mau, Steffen (2004): Soziale Ungleichheit in der Europäischen Union. In: Aus Politik und Zeitgeschichte. Beilage zur Wochenzeitung Das Parlament, B 38/2004, S. 38-46.

Mau, Steffen (2004a): Transnationale Transfers der EU-Regionalpolitik. Die institutionelle Bearbeitung eines verteilungspolitischen Problems. In: Liebig et al. (2004), S. 331-360.

Meier, Christian (2004): Wo liegt Europa? Historische Reflexionen aus gegebenem Anlass. In: Leggewie (2004), S. 32-38.

Miles, Lee (2000): Sweden and Finland. In: Manners/Whiteman (2000), S. 181-203.

Müftler-Bac, Meltem/McLaren, Lauren (2003): Enlargement Preferences and Policy-Making in the European Union. Impacts on Turkey. In: Journal of European Integration, Vol. 25, No. 1, S. 17-30.

Mühler, Kurt/Opp, Karl-Dieter (2004): Region und Nation. Zu den Ursachen und Wirkungen regionaler und überregionaler Identifikation. Wiesbaden: VS Verlag für Sozialwissenschaften.

Müller, Hans-Peter (1993): Sozialstruktur und Lebensstile. Frankfurt: Suhrkamp

Mungiu-Pippidi, Alina (2004): Beyond the New Borders. In: Journal of Democracy, Vol. 15, No. 1, S. 48-62.

Münch, Richard (1993): Das Projekt Europa. Zwischen Nationalstaat, regionaler Autonomie und Weltgesellschaft. Frankfurt: Suhrkamp.

Münch, Richard (2000): Strukturwandel der Sozialintegration durch Europäisierung. In: Bach (2000), S. 205-225.

Münch, Richard/Büttner, Sebastian (2006): Die europäische Teilung der Arbeit. Was können wir von Emile Durkheim lernen? In: Heidenreich (2006), S. 65-107.

Münkler, Herfried (2004): Warum der EU-Beitritt der Türkei für Europa wichtig ist. In: Leggewie (2004), S. 204-207.

Nassehi, Armin/Schroer, Markus (Hrsg.) (2003): Der Begriff des Politischen. Soziale Welt, Sonderband 14. Baden-Baden: Nomos.

Nautz, Jürgen/Nagel, Bernhard (1999): Nationale Konflikte und monetäre Einheit. Wien: Passagen.

Nedelmann, Birgitta (Hrsg.) (1995): Politische Institutionen im Wandel. Sonderheft 35/1995 der KZfSS. Opladen: Westdeutscher Verlag.

Neunreither, Karlheinz (2001): The European Union in Nice. A Minimalist Approach to a Historic Challenge. In: Government and Opposition, Vol. 36, No. 2, S. 184-208.

Niedermayer,Oskar/Sinnott, Richard (Hrsg.) (1995): Public Opinion and Inter-Nationalized Governance. Oxford: Oxford University Press.

Nissen, Sylke (Hrsg.) (1992): Modernisierung nach dem Sozialismus. Marburg: Metropolis.

Nissen, Sylke (1993): Umweltpolitik in der Beschäftigungsfalle. Marburg: Metropolis.

Nissen, Sylke (2003): Die Unterstützung der Osterweiterung bei Eliten und Bürgern. In: Allmendinger (2003), S. 498-515.

Nissen, Sylke (2003a): Who Wants Enlargement of the EU? Support for Enlargement among Elites and Citizens. In: Czech Sociological Review, Vol. 39, No. 6, S. 757-772.

Nissen, Sylke (2004): Europäische Identität und die Zukunft Europas. In: Aus Politik und Zeitgeschichte. Beilage zur Wochenzeitung Das Parlament, B 38/2004, S. 21-29.

Nollmann, Gerd (2002): Die Einführung des Euro. Vom Edelmetall zum reinen Beziehungsgeld. In: KZfSS, Jg. 54, Nr. 2, S. 226-245.

Nollmann, Gerd (2004): Der Geist Europas. Europa als Zurechnungsidee – (noch) nicht das richtige Thema für die Forschung? In: Soziologie, Jg. 33, Nr. 3, S. 7-21.

Odushkin, Ostap (2001): „The Acceptance of Ukraine to the European Union. Integrating and Disintegrating Factors for the EU". In: Polish Sociological Review, Vol. 4, S. 365-378.

Offe, Claus (1975): Berufsbildungsreform. Frankfurt: Suhrkamp.

Offe, Claus (1984): Politische Legitimation durch Mehrheitsentscheidung? In: Guggenberger/Offe (1984), S. 150-183.

Olsson, Bernd (2002): Die Osterweiterung der EU und Arbeitnehmerfreizügigkeit – Die Internationalisierung des Bauarbeitsmarktes im Zeichen illegaler Beschäftigung. Institut für Soziologie, Leipzig, Diplomarbeit.

Öztürk, Asiye (2004): Das Entstehen eines Macht-Dreiecks. Ankara auf dem Weg nach Washington und Tel Aviv. In: Aus Politik und Zeitgeschichte. Beilage zur Wochenzeitung Das Parlament, B 33-34/2004, S. 25-31.

Ozolina, Zaneta (2003): The EU and the Baltic States. In: Lieven/Trenin (2003), S. 205-230.

Phinnemore, David (2000): Austria. In: Manners/Whiteman (2000), S. 204-223.

Plantin, Marie-Claude (1999): NATO Enlargement as an Obstacle to France's European Designs. In: David/Lévesque (1999), S. 108-118.

Plessner, Helmuth (1982 [1935]): Die verspätete Nation. Über die politische Verführbarkeit bürgerlichen Geistes. In: Helmuth Plessner, Gesammelte Schriften VI. Herausgegeben von Günter Dux et al. Frankfurt: Suhrkamp, S. 7-223.

Pollack, Detlef (2004): Nationalismus und Europaskepsis in den postkommunistischen Staaten Mittel- und Osteuropas. In: Aus Politik und Zeitgeschichte. Beilage zur Wochenzeitung Das Parlament, B 38/2004, S. 30-37.

Prantl, Heribert (2004): Schwarzes Asyl. In: Süddeutsche Zeitung, 18. 10. 2004, S. 15.

Rawls, John (1971): A Theory of Justice. Harvard: Harvard University Press.

Read, Robert (2002): Monetary Union and Eastward Expansion of the EU. In: Ingham/Ingham (2002), S. 23-49.

Rhodes, Martin (2002): Globalization, EMU and Welfare State Futures. In: Heywood et al. (2002), S. 37-55.

Rhodes, Martin (2003): The Enlargement Crisis of the European Union. In: Journal of European Social Policy, Vol. 13, No. 1, S. 54-57.

Risse, Thomas (2003): The Euro between National and European Identity. In: Journal of European Public Policy, Vol. 10, No. 4, S. 487-505.

Rokkan, Stein (2000): Staat, Nation und Demokratie in Europa. Die Theorie Stein Rokkans aus seinen gesammelten Werken rekonstruiert und eingeleitet von Peter Flora. Frankfurt: Suhrkamp.

Rothacher, Albrecht (2004): Die EU 25. Chancen, Risiken und politische Folgen der Osterweiterung. In: Aus Politik und Zeitgeschichte. Beilage zur Wochenzeitung Das Parlament, B 5-6/2004, S. 25-34.

Ruggie, John Gerard (1998): Constructing the World Polity Order. London, New York: Routledge.

Rupnik, Jacques (2004): Europas Erweiterung. Eine Inventur der Missverständnisse. In: Lettre International 64, S. 12-24.

Said, Edward W. (2003 [1978]). Orientalism. London: Penguin Books.

Scharpf, Fritz W. (1970): Demokratietheorie zwischen Utopie und Anpassung. Konstanz: Universitätsverlag.

Scharpf, Fritz W. (1999): Regieren in Europa. Effektiv und demokratisch? Frankfurt, New York: Campus.

Scherrer, Christoph (1999): Globalisierung wider Willen? Berlin: Sigma.

Schimmelfennig, Frank (2003): The EU, NATO and the Integration of Europe. Cambridge: Cambridge University Press.

Schlotter, Peter (1999): Der Maghreb und Europa. In: Aus Politik und Zeitgeschichte. Beilage zur Wochenzeitung Das Parlament, B 17/1999, S. 3-10.

Schlötzer-Scotland, Christiane (2004): Nicht alle sind für den Beitritt. Die innenpolitische Debatte in der Türkei. In: Leggewie (2004), S. 215-224.

Schmidt, Helmut (2004): Sind die Türken Europäer? Nein, sie passen nicht dazu. In: Leggewie (2004), S. 162-166.

Schultz, Hans-Dietrich (2004): Die Türkei: (k)ein Teil des geographischen Europas? In: Leggewie (2004), 39-53.

Schumpeter, Joseph A. (1950): Kapitalismus, Sozialismus und Demokratie. München: Francke.

Seeleib-Kaiser, Martin (2002): Globalization, Political Discourse, and Welfare Systems in a Comparative Perspective. Germany, Japan, and the USA. In: Czech Sociological Review, Vol. 38, No. 6, S. 749-770.

Sherr, James (2003): The Dual Enlargements and Ukraine. In: Lieven/Trenin (2003), S. 108-143.

Simmel, Georg (1984 [1908]): Exkurs über die Überstimmung. In: Guggenberger/Offe (1984), S. 39-45.

Simon, Helmut (1983): Fragen der Verfassungspolitik. In: Glotz (1983), S. 99-107.

Sinn, Hans-Werner et al. (2001): EU-Erweiterung und Arbeitskräftemigration. Wege zu einer schrittweisen Annäherung der Arbeitsmärkte. München: Ifo Institut für Wirtschaftsforschung.

Smith, Hazel (2002): European Union Foreign Policy. What it is and What it Does. London: Pluto Press.

Smith, Karen (2005): The outsiders: the European neighbourhood policy. In: International Affairs, Vol. 81, No. 4, S. 757-773.

Spahn, Heinz-Peter (2001): From Gold to Euro. On Monetary Theory and the History of Currency Systems. Berlin, Heidelberg: Springer.

Spahn, Heinz-Peter (2004): Zum Policy-Mix in der europäischen Währungsunion. Probleme und Reformperspektiven. In: Olivier Beaud et al. (2004), S. 461-474.

Stadler, Andreas (1994): Funktioniert die asymmetrische Handelsliberalisierung der „Europaabkommen"? In: ÖZPW, Jg. 23, Nr. 4, S. 395-406.

Stawarska, Renata (1999): EU Enlargement from the Polish Perspective. In: Journal of European Public Policy, Vol. 6, No. 5, S. 822-838.

Szalai, Julia (2003): Whose Claim and Whose Risk? In: Journal of European Social Policy, Vol. 13, No. 1, S. 58-60.

Tang, Helena (Hrsg.) (2000): Winners and Losers of EU Integration. Washington, D.C.: The World Bank.

Therborn, Göran (1995): European Modernity and Beyond. The Trajectory of European Societies 1945-2000. London: SAGE.

Tonra, Ben (2000): Denmark and Ireland. In: Manners/Whiteman (2000), S. 224-242.

Trenin, Dmitri (2003): The Grand Redesign. In: Lieven/Trenin (2003), S. 1-14.

Ulmann, Lloyd et al. (Hrsg.) (1993): Labor in an Integrated Europe. Washington, D.C.: The Brookings Institution.

Van Meurs, Wim (2003): Den Balkan integrieren. Die europäischen Perspektiven der Region nach 2004. In: Aus Politik und Zeitgeschichte. Beilage zur Wochenzeitung Das Parlament, B 10-11, S. 34-39.

Vaughan-Whitehead, Daniel C. (2003): EU Enlargement versus Social Europe? The Uncertain Future of the European Social Model. Cheltenham: Edward Elgar.

Verfassung (2004): Konferenz der Vertreter der Regierungen der Mitgliedstaaten, Vertrag über eine Verfassung für Europa. CIG 87/2/04. Brüssel, 29. Oktober 2004.

Verheugen, Günter (2000): „Das Volk soll über die EU-Erweiterung entscheiden". Interview mit Günter Verheugen. In: Süddeutsche Zeitung, 2./3. 9. 2000, S. 14.

Verheugen, Günter (2004): „Viele Polen haben wieder Angst vor den Deutschen". Interview mit Günter Verheugen. In: Süddeutsche Zeitung, 11. 2. 2004, S. 8

Vidovic, Hermine (2002): Labor Market Trends in Central and Eastern European Countries. In: Funck/Pizzati (2002).

Viehoff, Reinhold/Segers, Rien T. (Hrsg.) (1999): Kultur, Identität, Europa. Frankfurt: Suhrkamp.

Vobruba, Georg (1977): Legitimation und Güterknappheit. In: KZfSS, Jg. 29, Nr. 2, S. 355-363.

Vobruba, Georg (1983): Politik mit dem Wohlfahrtsstaat. Frankfurt: Suhrkamp.

Vobruba, Georg (1991): Jenseits der sozialen Fragen. Frankfurt: Suhrkamp.

Vobruba, Georg (1992): Eigennützige Hilfe – Nachholende Modernisierungsprozesse und Interessenverflechtungen zwischen Ost und West. In: Nissen (1992), S. 183-198.

Vobruba, Georg (1994): Gemeinschaft ohne Moral. Wien: Passagen.

Vobruba, Georg (1997): Autonomiegewinne. Sozialstaatsdynamik, Moralfreiheit, Transnationalisierung. Wien: Passagen.

Vobruba, Georg (2000): Alternativen zur Vollbeschäftigung. Frankfurt: Suhrkamp.

Vobruba, Georg (2001): Integration + Erweiterung. Europa im Globalisierungsdilemma. Wien: Passagen.

Vobruba, Georg (2003): The Enlargement Crisis of the European Union. Limits of the Dialectics of Integration and Expansion. In: Journal of European Social Policy, Vol. 13, No. 1, S. 35-49.

Vobruba, Georg (2003a): Die sozialpolitische Selbstermöglichung von Politik. In: Nassehi/Schroer (2003), S. 383-397.

Vobruba, Georg (2003b): Souveränität und Unterlegenheit. Zur Akzeptanz von Mehrheitsentscheidungen in der Europäischen Union. In: Wenzel et al. (2003), S. 305 – 322.

Vobruba, Georg (2004): Globalization Against the European Social Model? Deconstructing the Contradiction Between Globalization and the Welfare State. In: Czech Sociological Review, Vol. 40, No. 3, S. 261-276.

Vobruba, Georg (2007): The Limits of Legitimation. In: Czech Sociological Review, Vol. 43, No. 1. (I.E.).

Vobruba, Georg (2007a): Expansion ohne Erweiterung. Die EU Nachbarschaftspolitik in der Dynamik Europas. In: Osteuropa, Jg. 57, Nr. 2-3, S. 7-20.

Wagener, Hans-Jürgen/Fritz, Heiko (Hrsg.) (1999): Im Osten was Neues. Bonn: J. H. W. Dietz Nachfolger.

Wallace, William (2003): Does the EU Have an Ostpolitik? In: Lieven/Trenin (2003), S. 44-66.

Wehler, Hans-Ulrich (2004): Verblendetes Harakiri. Der Türkei-Beitritt zerstört die EU. In: Aus Politik und Zeitgeschichte. Beilage zur Wochenzeitung Das Parlament, B 33-34/2004, S. 6-8.

Wehler, Hans-Ulrich (2004a): Die türkische Frage. Europas Bürger müssen entscheiden. In: Leggewie (2004), S. 57-69.

Weibl, Peter (Hrsg.) (1999): Offene Handlungsfelder. Open Practices. Köln: DuMont.

Wenzel, Ulrich et al. (Hrsg.) (2003): Subjekte und Gesellschaft. Zur Konstitution von Sozialität. Weilerswist: Velbrück.

Winkler, Heinrich August (2004): Soll Europa künftig an den Irak grenzen? In: Leggewie (2004), S. 271-273.

World Development Report (2003): Sustainable Development in a Dynamic World. Washington, D.C.: The World Bank, Oxford University Press.

Zapf, Wolfgang (Hrsg.) (1991): Die Modernisierung moderner Gesellschaften. Verhandlungen des 25. Deutschen Soziologentages in Frankfurt am Main 1990. Frankfurt: Campus.

Zürn, Michael (1998): Regieren jenseits des Nationalstaates. Frankfurt: Suhrkamp.

Theorie

Dirk Baecker (Hrsg.)
**Schlüsselwerke
der Systemtheorie**
2005. 352 S. Geb. EUR 24,90
ISBN 978-3-531-14084-1

Ralf Dahrendorf
Homo Sociologicus
Ein Versuch zur Geschichte,
Bedeutung und Kritik der Kategorie
der sozialen Rolle
16. Aufl. 2006. 126 S. Br. EUR 14,90
ISBN 978-3-531-31122-7

Shmuel N. Eisenstadt
**Die großen Revolutionen und
die Kulturen der Moderne**
2006. 250 S. Br. EUR 34,90
ISBN 978-3-531-14993-6

Shmuel N. Eisenstadt
Theorie und Moderne
Soziologische Essays
2006. 607 S. Geb. EUR 49,90
ISBN 978-3-531-14565-5

Rainer Greshoff / Uwe Schimank (Hrsg.)
**Integrative Sozialtheorie?
Esser – Luhmann – Weber**
2006. 582 S. Geb. EUR 39,90
ISBN 978-3-531-14354-5

Axel Honneth /
Institut für Sozialforschung (Hrsg.)
**Schlüsseltexte der
Kritischen Theorie**
2006. 414 S. Geb. EUR 29,90
ISBN 978-3-531-14108-4

Niklas Luhmann
Beobachtungen der Moderne
2. Aufl. 2006. 220 S. Br. EUR 24,90
ISBN 978-3-531-32263-6

Uwe Schimank
**Differenzierung und Integration
der modernen Gesellschaft**
Beiträge zur akteurzentrierten
Differenzierungstheorie 1
2005. 297 S. Br. EUR 27,90
ISBN 978-3-531-14683-6

Uwe Schimank
**Teilsystemische Autonomie
und politische Gesellschafts-
steuerung**
Beiträge zur akteurzentrierten
Differenzierungstheorie 2
2006. 307 S. Br. EUR 29,90
ISBN 978-3-531-14684-3

Erhältlich im Buchhandel oder beim Verlag.
Änderungen vorbehalten. Stand: Januar 2007.

www.vs-verlag.de

VS VERLAG FÜR SOZIALWISSENSCHAFTEN

Abraham-Lincoln-Straße 46
65189 Wiesbaden
Tel. 0611.7878-722
Fax 0611.7878-400

Neu im Programm Soziologie